中国哲学的会通与运用

杜保瑞 著

齊鲁書社

图书在版编目（CIP）数据

中国哲学的会通与运用 / 杜保瑞著. -- 济南 ：齐鲁书社，2020.4（2024.12重印）
ISBN 978-7-5333-4258-6

Ⅰ. ①中… Ⅱ. ①杜… Ⅲ. ①哲学－研究－中国 Ⅳ. ①B2

中国版本图书馆CIP数据核字(2020)第016190号

中国哲学的会通与运用

ZHONGGUO ZHEXUE DE HUITONG YU YUNYONG

杜保瑞 著

主管单位 山东出版传媒股份有限公司
出版发行 齊鲁書社
社　　址 济南市市中区舜耕路517号
邮　　编 250003
网　　址 www.qlss.com.cn
电子邮箱 qilupress@126.com
营销中心 （0531）82098521　82098519　82098517
印　　刷 日照日报印务中心
开　　本 880mm × 1230mm　1/32
印　　张 8
插　　页 3
字　　数 180千
版　　次 2020年4月第1版
印　　次 2024年12月第3次印刷
标准书号 ISBN 978-7-5333-4258-6
定　　价 28.00元

目 录

第一章　绪论

本书之作，是笔者关于“中国哲学方法论”和“中国生命哲学真理观”研究成果的系列作品之三。笔者从1986年初登教席开始，即着手研究“中国哲学方法论”的相关议题，重点在以“宇宙论、本体论、工夫论、境界论”四方架构为哲学基本问题诠释法，从而建立正确理解、准确诠释中国哲学的解释体系，以此议题为中心，笔者已于2013年在台北商务印书馆出版《中国哲学方法论》专书。其后，笔者提出讨论“中国哲学真理观”的四大问题，即系统性、检证性、适用性与选择性问题。“系统性”即前书四方架构；“检证性”是在说明基于中国哲学的实践特质下，如何说明整个学派的理论是真理，又如何评论实践者的工夫是符合创教者的标准；“适用性”是讨论中国哲学各家各派的理论所面对的问题、解决的问题、适用的领域，亦即为各个学派找到理论使用的环境，以便让学习者能够准确地运用之；“选择性”则是针对个人生命的奋进，应以何种标准与态度，面对自己的困境而找出生命的方向，并应如何坚定意志地做工夫。在这个“中国哲学真理观”的问题意识下，笔者已经完成《中国生命哲学真理观》的专书，2019 年由人民出版社出版，内容是针对“中国哲学真理观”四大问题的阐述。接着《中国生命哲学真理观》之后的讨论，便是本书之作。

《中国哲学的会通与运用》一书，就是上述第三个问题的深入落实之作，内容为对各个学派的使用领域做定位，以便在人们需要人生指导时可以有准确的方向。本书之作，首先借由《周易》哲学的六爻架构，将墨、儒、庄、老、法、佛各家一一序列于由初爻到上爻的六爻人生阶层处境的架构中，为各家寻找到思想内涵的内在心理依据，以及人生角色扮演的外在环境依据，有效且清晰地将中国各家人生哲学理论做正确的理解与准确的诠释，并且可以讨论管理层应该如何运用中国哲学的管理智慧以为所用。依据此旨，则中国人生哲学各个学派便只有不同的适用性而无必要的冲突性。接着，便可以针对各家的特质之长处与短处，进行各家的会通与互补，于是而有儒道、儒墨、儒法、儒佛各家之间的会通与互补之理。最终，笔者将提出以儒家为最大公约数，可以互通交流于各家的宽广体系，以为人生的奋进与民族的复兴之理论张本，进而讨论作为文化大国的文化建设之功。

第二章　论中国人生哲学的高阶管理哲学

一、前言

高阶管理指的是对他人、部属、组织、公司乃至国家的管理。在中国哲学的管理智慧中，我们可以说整个中国哲学都是人生哲学、生命哲学、实践哲学，以及管理哲学，重点都在人的管理上。其中既有个人人生的管理、个人生死的管理，也有众人之事的管理。本文之作，将以管理众人之事的管理智能为讨论对象，重点在指出哪些学派的哪些材料是针对高层管理者在处理众人之事上应有的观念。此外，中国哲学是人的哲学，人要实践提升生命境界，没有能力的提升也就没有管理他人的实效，因此，高阶管理也必须以个人自我管理为实践的基础。不过，本文着重于高阶管理，个人自我修养的人生管理及生命管理的问题，暂不深入。

谈中国哲学的高阶管理，是要将国学智慧中涉及高阶主管对部属的管理思维进行整合式的介绍，这就包括了各家哲学思想中与此一部分有关理念的整合，一方面细数各家的思维要旨，另一方面做出比较筛选与应用上的会通，以期借由优良传统文化成就高阶管理的成熟智慧。

二、中国管理哲学的特质

中国哲学都是从人出发，既是人生智慧，也是生命管理，更是实践哲学，最终都是要追求一个理想完美的人格。但是，各家的理想不同，背后涉及的是世界观的不同，因此在组织管理上的用意就差距甚大了。然而，生命有多种面向，中国哲学各家不同面向的侧重，正好完构了人生的总体面貌。没有哪家的管理智慧可以解决所有的问题，但是，若能参考各家，理解自己的人生处境，便能在不同情境中找到相应的智慧，以帮助自己面对问题，找到出路，摆脱困境。

关于中国哲学各家不同的风貌，可依下列几种分类以助了解。

首先，世界观的此世、它世的不同。有它在世界观的，要追求永恒的彼岸生命。另外，只有此在世界的世界观的，就追求自己在家国天下的社会体制中扮演角色，后者就有许多高阶管理的智慧。但生命的面向是广袤的，有时候涉及重大问题，世界观便会成为决定人们处世方法的依据。

其次，有无鬼神观的不同。鬼神观远古即有之，迷信误人者多矣，但当然也有正确的鬼神观，这在各宗教学派中都有。正确的鬼神观助人敬畏天地神明，自我约束，慎独诚恳，如墨家、道教、佛教等。然无鬼神观者，亦有堂堂正正之教化哲学，如儒家、法家、《人物志》等。

第三，对于命运问题的立场，当然首先是有无命运的问题。若主张有命运，那么命运有无形成的原因，又是否可以自由造命？若主张有命运，但是没有形成的原因，则如何找到自由的出路？有命运思想的包括儒家、庄子、佛教，乃至《人物志》《易经》，没有讨论命运的则为老子、法家。然而，哲学就是智慧之学，不论有无命运思想，哲学就是找出路的学问，所以以上各家都有生命理想的出路，无分于是否有命运观，以及是否有命定论立场。

第四，初阶管理与高阶管理。在社会体制中工作，必有管理阶层，并可依其高阶低阶，而讨论管理的重点。低阶的成员，自我管理最重要，让自己成为职场上受上级、同级欢迎的人物最重要，因此需要有许多自我修养的工夫。但在高阶，就必须管理别人，管理别人需知道下层部属的心声，以及能力、才情的特色与限制，要知道领导统御之方，要知道组织目标与天下大势，要知道保护自己，要知道保卫国家，这就是高阶管理的重点。关于人生修养，儒家、老子、庄子、佛教都是大家，至于管理别人与管理组织的高阶管理，则墨家、儒家、老子、庄子、法家、佛教、《易经》、《人物志》、《菜根谭》都有涉及，可以说中国哲学没有哪一部是没有高阶管理的观点的。虽然如此，各家立场有别，价值不同，角度互异，因此，了解各家高阶管理的思维，互相弥补，正可建立高阶管理的终极圆融智慧。

三、各家的管理向度

对于一个高阶管理者而言，他必须知道必须理解的事情是很多的，他需要知道百姓的心声，也要有自己的理想，要知道领导的方法，要理解统御的技巧，也要知道不同干部的不同对待之道。在发生天灾人祸的时候，平日的例行工作要懂得放下以便应变，这时候又需要有更为深刻的价值观与世界观。因此，他必须是一位全才的领袖，要学会许许多多的知识与智能，这就需要各家的智慧共同成就。以下，便简要陈述各家有以提供给高阶领导者的要旨，后文再展开细节。

墨家：针对百姓的心声，这是墨家最为侧重的地方。为顾及人民的需求，墨家提出兼爱、非攻、尚同、尚贤的立场；为照顾基层百姓的生活，墨家提出薄葬、非乐的观点，这些都是君王需要知道的事情。其中，对于高阶管理人才，墨家主张尚贤，希望君王要给予大臣足够的权力、实在的名位、丰厚的报酬。这些都是站在基层民众、百姓的视野上，自然会提出的观点。

儒家：儒家的立场就是将自己视为协助君王治理国家的专业管理人才，他们首先要求君王行仁政、爱百姓，然后要尊重贤人，礼敬贤臣，自己则愿意承担爱民治国的重大责任。因此，真有儒者胸怀的人，就是各阶层最优秀的干部，他们富于责任感，宜予重用。这些就表现在《论语》《孟子》等许多作品中。儒家思想是各阶层的管理者都应该要有的价值立场，儒家主张的就是服务的人生观。越是高阶管理者，越应该有儒者的襟怀，否则不会是个好的管理者。然而，儒者在基层为官最为适合，若是升上高层，必须结合《人物志》、《菜根谭》、老子尤其是法家的智慧，至于他们各自是怎么运用的，下文继续说明。

庄子：在升上高层之前，可能因为种种原因，就停下不再升迁了。若是心存奢望，必不快乐，甚至因为心情不好，又不注意说话方式，这样就变成制造麻烦的人物了。与此相反，若能知足乐观，便能建立崭新的形象，时时为人所喜爱，甚至为人所需要。这样的智慧的转变，就是从儒家到道家的庄子。有些人是事后真正转变成为庄子类型的人物，也有些人天生就是庄子类型的人物。一旦真成了庄子类型，就是在组织结构中没有升迁目的的逍遥自在的人。他们在单位工作只求快乐，于是成为大家的天使，成为大家的开心果。虽然自己不是组织里的高阶，但是，高阶管理者必须认识清楚这样人物的存在价值。他们快乐工作，不求权力，不求私利，自在逍遥，成为团队中的润滑剂，从而化解纷争，大家都变成容易相处的朋友，这也是提升职场产能的主观有利条件。高阶管理者必须善用这样的人物，至于跟他们互动的模式，在《庄子》中明确提到了①，其实就是给他们自由好了。

老子：所谓高阶领导也有两种类型，其一为高阶经理群，其二为最高管理者。老子哲学讲的是管理者，只要在高阶管理群就可以扮演这样的领导者的角色，不必一定是君王、董事长等，甚至不在阶层体制里面的人，也可以发挥领导的角色，只

---

① 《庄子·德充符》：鲁哀公问于仲尼曰“卫有恶人焉，曰哀骀它”，指的就是这种人物。

要你具备老子类型的智能。这个位阶的领导不止一人，人人十八般武艺，种种能耐，在所辖的范围内独立决断，一个人就领导了所有的人，这就需要有调动所有资源的能力，重点是凝聚能干的人，让有能力的人团结起来一起做事，为民服务，创造社会建设的实效，同时保证自己的位置长长久久。可以说老子哲学就是高层的哲学，但还不是君王的哲学，做君王还有其他更关键的能力，考虑其他更严峻的问题，而这一点，只有法家说出来了。

老子的高阶领导的原则就是一条，“给而不取”，别人想要的利益都给他，于是大家都心悦诚服地接受自己的领导，因为团结在自己的领导指挥下，人人的利益有保证。重点是，一旦推动事业政策，就会有种种看得见和看不见的利益可以分配，这些事业推展过程中的所有利益，尤其是看不见的利益，本来可以由领导者一人独吞，如何而能有这样的胸襟和智慧与众人分享呢？能够做得到的领导者，就是真正有老子智慧的人物，这就是在利人利己的基础上甚至可以做到让利而不利己。事实上，它是已经预设了儒者胸怀的人，只有真正爱人民爱百姓的儒家君子，才能真正做到公私、义利之辨。只是儒者多爱惜荣誉，金钱的利益可以让，但荣誉难以舍弃，因此就容易产生冲突对立，所以，没有老子的修养，是不能久任高阶主管的，因为要么人家要赶走你，要么自己看不惯辞官他去了。如何避免走上这两种道路，《菜根谭》中提出精确的实战演练操作心法。

《菜根谭》的处世智慧所谈到的面向是十分广泛的，各阶层的管理人的需求它都谈到了，它本身就是儒家、道家智慧的总汇，道家部分还包括老子、庄子两种不同的形态。它劝勉基层官员要勇于任事，也告诫他们要了解人事的复杂，因此凡事需要小心应对，要懂得进退。它提出圆融的智慧，要智者为百姓谋。然而，它最终还是没有上升到统治者的角度，仍是以知识分子位居高阶的视野而为其言说，最终是老子类型的领导者，而不是法家类型的权力层峰。因为它劝诫世人莫要跻身权力高层，这就不是统治者的心态了，而是知识分子的心态。若是统治者心态，绝对是要抢夺最高权力的，这是法家的思考，是为国君谋的了。但是，深度解读《菜根谭》，必定是让人们获得既得以实现理想又能明哲保身的最佳作战心法。

法家：法家是所有中国管理思维中唯一直接针对最高层所需的智慧而言说的管理性作品，是国君的保命护国的哲学。儒家孟子也讲话给君王听，甚至献策于一统天下，但孟子要的是人民的利益，而法家要的是国君权力的保证以及国家的强大。孟子的一统天下的思考逻辑，是因为国君能够照顾百姓，因而万民来归；法家的国富兵强，是因为国君对臣下统治有力，因而力量集中。所以只有法家是唯国君所用的顶级管理哲学，也就是高阶管理中的层峰管理，究其实，这是和一般高阶管理有所不同的。韩非重法、术、势，法即赏罚一依于法，术是种种临场反应以及应变策略，势则是好好使用君威，切勿失势，守势而能善用之，则力道万钧。法家清醒地认识到，人心险恶，权力诱人，国君一不小心，就会遭到杀戮，所以法家充满了对国君的告诫之言，不可犯下种种失权辱己的错误。为强大国力，必须让官员百姓皆为自己所用。如何严厉有效地驾驭属下，更是国君须知的命符，法家是高阶管理中真正的层峰管理。

史上对法家批评甚多，其实有待厘清。法家从未主张杀人放火、不义不公，笔者认为各家的批评是对法家的错误认识，法家只是冷酷地重农战之功，贬抑单单依据道德品格就破格拔擢。法家知识分子把自己当作国家的工具，不像儒者以自己的圣贤境界为目标，自己就是理想、就是目的。当然，儒学有其合理性在，人能成就自己以成就家国天下，有何不可？但是，法家的爱国情操仍应得到高度赞赏，所提出的方案也是治国之必需。当然，任何学派的理论都有人为与理论的两个面向，“苟非其人，道不虚行”。真正能够做到法家严刑重罚又有策术挥洒的境界，实际上本身就必须有强烈的儒者胸怀，关心国家百姓之生路，只是学派的标签不居于儒家而已。在法家的心中，许多标榜为儒者的人物也许人病炽盛，因此为法家所轻视，法家因此自创一派，但心中有百姓有国家更有君王这一点，丝毫不让于儒家。

《人物志》：《人物志》是标准的管理哲学，重点是人事管理，既是知人善任的智慧，也是管理自己的智慧。《人物志》既谈到中央大员的智慧，也谈到基层官员的智慧，更谈到国君的智慧，而更重要的，其实就是让国君知道如何知人善任，以及让有能力的人知道如何在体制中应对进退，以平步青云。针对最高领导人，《人物志》强调个性要平淡，必须没有情绪，实际上就是要具备一切良好的个性，因此，才能领导全国最优秀的人才。作为领袖，自己不必是所有专业的最有能力者，当然这也是不可能的事情，但他必须具备了解他人智慧的能力，首先要有任用贤人的智慧，其次能够决定政策，再其次就是要有行赏罚的坚定意志。此处，儒、道、法家的智慧都具备了。

佛教：以上各家的思路，所面对的、所解决的都是世间法的问题，人在人间世界的处境及智慧，尤其是在阶层体制中的应对进退之道，既有君王，也有官员、基层干部，以及人民百姓的角色与心声，但是，所面对的都是现实世界的生活以及管理的问题。就此而言，人生在世还有两大问题不曾解决，那就是命运及生死的问题，国君无法指挥，官员无法改变，只能独自面对。佛教哲学则最直接面对这个问题。佛教哲学的智慧是行善积德、自利利人、自觉觉人。

《易经》：《易经》正是阶层管理的巨著，谈高阶管理，意旨表现在《周易》六十四卦中的每卦六爻中，即其第四、五两爻者，四爻是中央主管，五爻是君位，六十四卦基本结构都是如此。因此每卦第四、五两爻的爻辞就是说明个别事件上的高位阶者的吉凶祸福，这里可以找到应对进退之道。必须了解，《周易》是周朝初年政治家集团的集体编辑之作，那正是封建体制的大时代，六爻卦象正好以上三爻为中央为高层，下三爻为地方为基层，借由卦象定卦名立卦旨之后，便在每卦六爻中说明不同阶层之间进退互动的个别情境，而所谓的个别情境就是此一事件的上下六爻位阶。因此，四爻爻辞就是高阶主管在事件中的角色命运作为，五爻爻辞就是君王在事件中的角色命运作为。六十四卦的所有四、五爻爻辞就是周朝初年的政治家们对于高阶管理的观点，意旨精要，普世皆准。此外，初爻刚入体制，不论命运好坏，也无正式的角色扮演，学习就好了。二爻则是基层干部，必须勇于承担，为未来升上高阶打下良好的能力基础。三爻在上下夹层中，是上下交争时的决战点，也是不得志的位阶，凶险最大，也会自己惹祸，是高阶主管最应盯上，而且最容易出事的位阶。至于上爻，已经经历了权势的顶峰，应该真心退居二线，切莫继续扮演权势挥舞的角色，否则就会直接与第四、第五爻的权势冲突了，处于这个位阶的人是超越了层峰的高阶无权者角色。

以上，简单勾勒涉及高阶管理思想的中国哲学各学派及经典的要旨，以下，再深入一些展开细说。

四、了解百姓的心声：墨家尚贤

从高阶管理的角度言，墨家自我定位为百姓阶层，不是站在管理阶层，因此，从墨家中可以学习到的高阶管理智慧就是：要在上位者听到百姓的心声，这是墨家对高阶管理智慧的贡献之处。百姓关注的是自己安稳的生活，希望国君爱护自己，《墨子》中有两篇文章是最能反映此旨的：一是《尚贤》，二是《天志》。如其言：

> 国有贤良之士众，则国家之治厚，贤良之士寡，则国家之治薄。故大人之务，将在于众贤而已。曰：然则众贤之术将奈何哉？子墨子言曰：譬若欲众其国之善射御之士者，必将富之，贵之，敬之，誉之，然后国之善射御之士，将可得而众也。况又有贤良之士，厚乎德行，辩乎言谈，博乎道术者乎！此固国家之珍而社稷之佐也，亦必且富之，

贵之，敬之，誉之，然后国之良士，亦将可得而众也。（《墨子·尚贤上》）

换言之，国家政治良好与否决定于贤人在旁与否，而如何使贤人皆能在旁为己服务呢？那就是要给他丰厚的酬劳，给他崇高的地位，平日相处尊敬他，在人面前称赞他。如此，王公、贵戚、豪强、士绅发现过去靠人际关系取得利益的方法行不通了，只要是贤人，不论远近，都能站上高位获得实权施展才华，因此最重要的是自己的能力而不是人脉。由此可见，法家最在意的权臣豪强把持朝政的问题，也正是墨家看到的问题重点。但希望提出来了，问题点出来了，怎么发现贤人？怎么摆脱权臣豪门？墨家没有深入追究，法家追究了。因为墨家是人民的心声，君王必须要听到。若是听不到，人民就还有另一个想法跑出来，那就是《墨子·天志上》中所说的，以天来惩罚不能照顾百姓的君王。其言：

然则天亦何欲何恶？天欲义而恶不义。然则率天下之百姓以从事于义，则我乃为天之所欲也。我为天之所欲，天亦为我所欲。然则我何欲何恶？我欲福禄而恶祸祟。若我不为天之所欲，而为天之所不欲，然则我率天下之百姓，以从事于祸祟中也。然则何以知天之欲义而恶不义？曰天下有义则生，无义则死；有义则富，无义则贫；有义则治，无义则乱。然则天欲其生而恶其死，欲其富而恶其贫，欲其治而恶其乱，此我所以知天欲义而恶不义也。（《墨子·

天志上》)

墨家借由自我认定的上天对万民之爱，来要挟君王必须爱护人民，如若不然，无所逃于天之惩罚。此文之中只有认定而没有证明，此一证明在《明鬼》篇，但《明鬼》篇依然只是推论，还谈不上真正的证明。不过，人民的心声就是如此，信与不信在于君王自己，若信之，则行仁政、爱百姓；若不信，继续倒行逆施，其结果，事实上也没有不会覆亡的王朝，只是是否真有“天志”因素，人们不能明确得知。

就高阶管理者的角度言，人民的心声就是君王要照顾他们，否则上天会惩罚君王，墨家是很认真地关心政治的哲学体系，除了讲话给国君听以外，他们还有不少的公共政策的关怀，出发点是重视基层百姓之利益，如：节用、薄葬、非乐、非攻。他们也有价值观念的表示，如：兼爱、非命、非儒。对高阶管理者而言，前四项政策应该是看情况处理，而不是一定该怎么做的，至于后三项的价值观问题，大约就不需要表示什么意见了，任由人民百姓自己主张即可。《尚贤》部分，实际上是教育君王必须真诚对待才臣，否则人才不聚，国治不行。《天志》部分是说百姓总是相信老天爷会主持公道正义，国君自己是否相信是一回事，但百姓的信仰是国君的统治基础，因此国君宜予尊重。

五、中层干部的修养：《论语》《孟子》

儒家在高阶管理角度上看时，儒者就是组织内最忠贞的干部，并且是充满了理想的干部，儒者如果遍布在组织内的中下层，这个组织必定是坚强的、健全的，因为他们一心只想要组织变好。但是，他们对组织的管理是有意见的，他们主张以礼教化、以德治国，重礼而不重法，这就恰与法家相反。儒家重视主观原则，法家重视客观原则。

> 子曰："道之以政，齐之以刑，民免而无耻；道之以德，齐之以礼，有耻且格。"（《论语·为政》）

此外，儒者为国服务时，一方面要成就国家，一方面也要成就自己。至于自己，则是一个德行使者的化身，自己是来实践仁德，成就兴利事业的，而不是为一己之私做损人利己之事。因此，自己和国家都要照顾到，而且必须都是以实践仁德为目的。如果国君不行仁政，儒者为了洁身自爱，是会离开的；如果国君确实爱民，则应对臣下待之以礼。

> 定公问："君使臣，臣事君，如之何？"孔子对曰："君使臣以礼，臣事君以忠。"（《论语·八佾》）
>
> 子曰："贤者辟世，其次辟地，其次辟色，其次辟言。"（《论语·宪问》）

孔子去鲁，孟子去齐，都是国君的礼数已不足，儒者不为稻粱谋，便挂冠求去。若是一般政客，当然是委顺于君，为妾妇之道，如孟子言：

> 以顺为正者，妾妇之道也。居天下之广居，立天下之正位，行天下之大道。得志与民由之，不得志独行其道。富贵不能淫，贫贱不能移，威武不能屈。此之谓大丈夫。（《孟子·滕文公下》）

当然，汉以后，儒者已无去国之道，一旦去国，就是落入民间。若是待在官场，要么委曲求全，待在下位；要么与狼共舞，晋升高层。然而，从此难得安宁，因为一旦国君不能行仁政，理念与己不同，而儒者又有高度自我意识，因此必须采取对策。历史的故事告诉我们，位居要津的儒家大臣，多是在艰难危险中度过的。此时，光有儒家的主观价值是不够肆应的，为了坚守儒者爱民的立场，则要有法家的客观价值，要有老子的领导智慧，要有庄子逍遥的人生态度。笔者认为，儒者适合待在基层。

> 孟子曰："仕非为贫也，而有时乎为贫；娶妻非为养也，而有时乎为养。为贫者，辞尊居卑，辞富居贫。辞尊居卑，辞富居贫，恶乎宜乎？抱关击柝。孔子尝为委吏矣，曰'会计当而已矣'。尝为乘田矣，曰'牛羊茁壮长而已矣'。位卑而言高，罪也；立乎人之本朝，而道不行，耻也。"（《孟子·万章下》）

在基层为官就是领个足以温饱的薪俸，尽职做做地方小事，养活一方水土的一方百姓，这倒是儒者绝对能够胜任完成的角色，这样就不必过问中央朝廷的大事，免得痛心。当然，儒者在基层，只因不想与当道作对，但有时机遇难料，或升高层，此时就要多学世间法的高阶管理哲学，或根本连基层也待不了，那就学学庄子的逍遥吧。

六、追求自己的天下：庄生逍遥

庄子追求出世的理想，其实与高阶管理就是无关的，因为他从不与政，但是，人间世种种事情都会发生，也会有庄子类型的人物走到帝王的身边。此时最高领袖如何与之相处，就是高阶管理要重视的问题，《德充符》中有言：

> 鲁哀公问于仲尼曰："卫有恶人焉，曰哀骀它。丈夫与之处者，思而不能去也；妇人见之，请于父母曰：'与为人妻，宁为夫子妾'者，十数而未止也。未尝有闻其唱者也，常和人而已矣。无君人之位以济乎人之死，无聚禄以望人之腹，又以恶骇天下，和而不唱，知不出乎四域；且而雌雄合乎前，是必有异乎人者也。寡人召而观之，果以恶骇天下；与寡人处，不至以月数，而寡人有意乎其为人也；不至乎期年，而寡人信之。国无宰，而寡人传国焉，闷然而后应，泛然而若辞。寡人丑乎，卒授之国。无几何也，去寡人而行。寡人恤焉，若有亡也，若无与乐是国也。是何人者也？"（《庄子·德充符》）

庄子类型的人物就是到哪里都是任何人的好朋友，因为他们没有社会的机心，不为名不为利而来，只需一己的温饱，温饱之后，便适性逍遥。就高阶管理者而言，这种人物只会带来快乐，不会制造纷争，但他也不能为你承担重责大任，莫要幻想他继承你的大统，除非他骨子里仍有儒者的性格，但即使是这样，你也未必敢把天下交给他。你之所以想与之分治天下，就是因为你感受不到他的任何权力野心，正因为他真的没有权力野心，所以他根本不会想站上政治的舞台，因此惠施担心庄子抢了他的相位，这根本就是误解了庄子。所以，把他们永远当作开心果就好了，组织内因为有这样的人物，纠结的人性会变回清净，责任还是高阶主官在担着，但人际关系的互动，可以因为有庄子类型的人物存在，而让大家简单轻松。组织内是需要有这样的人物的，因此高阶主官应该看清楚这种人的人品，他们不会不负责任，但也不必期待他们负起额外的责任或重大的责任，留着他们让大家愉快，就是这种人物最重要的价值。

当然，真在高阶担任要职者，庄子的哲学还是对他们极有用处的。高层的生存之道，在于不去纠结，继续待在位子上，做可为之事就好。这种能屈能伸、可以放下的态度，诠释的就是庄子的适性逍遥。

七、高阶领导的智慧：道家老子

老子哲学真正是高阶主管的管理哲学，也就是领导统御的智慧。老子洞悉人性，但人性的现状要在《菜根谭》才看得更清楚。老子直接就是讲领导的观念，关键就是减损自己的欲望，照顾众人的利益，整套管理系统中也要重视不要引起人民过多的欲望。老子言：

为学日益，为道日损。损之又损，以至于无为。无为而无不为。取天下，常以无事；及其有事，不足以取天下。(《老子·四十八章》)

这里就是讲述将自己的欲望减杀，一切为公而无私心，则周围的人都会真正信服，由此便能真正掌握影响人心的力量，甚至获得政策指挥的权力。但是，减少百姓的欲望，也是管理智慧中重要的指针性任务，老子说：

不尚贤，使民不争。不贵难得之货，使民不为盗。不见可欲，使民心不乱。是以圣人之治，虚其心，实其腹，弱其志，强其骨。常使民无知无欲。使夫智者不敢为也。为无为，则无不治。(《老子·三章》)

墨家尚贤，老子不尚贤，其实，国家当然必须是要举贤才的，但这是真正的贤才，而不是国君为了满足私欲而特别重视某一类的人物，若是如此，则小人竞相模仿，互相争斗，政府必定纷乱不已。必须是人才以本事受到重用，而且是各种类型的人才都受到重用，政治才会平稳。所以，老子不是不尚贤，而是对权臣抑制的另一种表达方式，所以老子也必须尚贤，但绝不让小人专权。

老子的智慧就是看透人性弱点，想要取天下，就要满足他人的利益，功劳归君王，权力与大臣分享，利益归部属，资源给人民大众，任何人都看不到君王的私心时，君王就能获得所有的人的信赖，从而拥有领导的权力，这就是“取天下常以无事”。而老子绝对是有儒者胸怀的智者，因为他追求的还是百姓的福祉。老子言：

> 绝圣弃智，民利百倍。绝仁弃义，民复孝慈。绝巧弃利，盗贼无有。此三者以为文不足，故令有所属。见素抱朴，少私寡欲。(《老子·十九章》)

人在高层，视野不同，仁义道德是中下层管理者必须要有的素养，一旦跻身高层，就必须收敛光芒，真正有仁德的儒者，却都不欲见贤，“绝圣弃智”、“绝仁弃义”都是智者在避免表面形式化作风。去掉形式主义作风，人民才能得到真正的照顾，“民复孝慈”、“民利百倍”。对于高阶领导的深奥智慧，老子只讲最后操作的心法，那就是“让利”，至于细节的操作心法，那就是《菜根谭》一条一条说明白了。总之，怀抱儒者淑世天下的理想，一切事办于己，但是接受老子圣贤智慧的忠告，一切利益归人，如此，高阶者必成大事。

八、职场现实的演练：《菜根谭》

《菜根谭》处理的问题层面广泛，既有青年励志之文，也有透视人性恶劣心态之文，当然也有像庄子般逍遥品味之文，但是写作最为深刻入理的，还是圆融入世之文。既能承担事业，又不冲撞小人或君王的私欲，只管为百姓谋福利，又能保护到自己不受伤害。就高层管理而言，《菜根谭》可谓已把人性各种状况都透彻了解了，关键就是运用时的聪明，凡是高阶管理者，宜时时读诵，若于生活中出现《菜根谭》某句话所指涉场景，就可以了然于胸，并且可以掌握运用了。

然而，无论如何，《菜根谭》中的高阶管理思维，仍然是知识分子的思维、管理者的思维，而不是帝王的思维。帝王不写书，写书的都是知识分子，而替帝王写书的则是法家，法家是唯组织目的的管理哲学，一心为了君王能够保住权势设想，君王自己的位子保住了，才能保卫国家，此时，他既要管人，也要管事，法家思想真真正正就是帝王哲学，就是最高层锋的权势哲学。《菜根谭》是儒家孔孟、道家老庄哲学智慧的现场解说，是大臣及智者的哲学，而法家则是君王的哲学。虽然《韩非子》作者也是知识分子，但思维及立论的基础都是针对最高层锋应有的设想而言说的。

九、最高层峰的权势：法家思想

法家集大成者为《韩非子》，书中各篇重点都是在讲话给君王听，《爱臣》篇告诉君王宠信大臣就会害死自己，《二柄》篇告诫君王一定要善用严用刑庆二事即赏罚二柄，《八奸》篇告诉君王自己的权势是如何从八种途径泄漏出去的，《十过》篇细数种种君王易犯的过失，配合以史实中血淋淋的教训。《孤愤》篇却说像韩非自己这样的策术之臣，是如何易为君王的左右权臣所排挤陷害，致使国君无法接收到智术的讯息；《亡征》篇讲述了几十条古今亡国之征兆，《说林》篇汇集古今各种临场反应的言词交锋，是策术运用的最佳案例，有善有恶。《用人》及《功名》篇告诫君王如何用人，如何亲近并约束臣下之道，《内储》篇则系统性地整理国君治国的智谋方略。以上种种要点，无一不是说给君王听的存身保国之道，稍有不慎，君王就会被杀戮，岂可不明。可以说，君王是一切行业中最危险的行业，也是责任最为重大的角色，是高阶管理中最上层的高阶。也可以说，墨家、儒家都要讲话给君王听，但是墨家为人民、儒家为人民和自己而讲，庄子根本不理会君王，老子讲话给一切高阶领导者听，包括大臣和君王。但是，法家学说直接指向君王，一切言说为君王计，这就不是一般高阶管理，而是最高阶的君王哲学。他们的责任无人可比，他们所需要的智能与意志无人可比，他们把用人的权力收在一身，一切的成败都在他们的身上，他们失败了就是总体的失败，所以更可以说，法家哲学就是唯组织目的的管理哲学，既是最高阶的哲学，也是国家生存的哲学。

将法家韩非与儒家孟子、道家庄子做一对比，三者都是才气纵横的大家，书中都充满了故事的堆砌。然而，孟子都是美化古代圣王之故事，目的在于建立理想的典范以为儒者的追求目标。庄子都是虚构的神话故事，目的在于勾画令人向往的世外桃源，也是为理想而说。韩非就不同了，所说都是史实，而且是血淋淋的史实，目的在告诫世人，要知道杀戮战场的现场实况，要知道欺骗、侵凌、虐待、背叛、刑戮的事情是怎么发生的。读《韩非子》书，让知识分子知道犯罪的现场，知道罪恶是怎么制造的，立于人间世，怎样才能拥有早熟的视野。书中的阴谋诡计，都是史实的陈述，也是国君必须运用、借用的招数。

为什么法家著作如此重视权谋？这就必须从各家的特色不同处说起了。

庄子不管现实世界，自然不用在意。墨子只顾百姓的生活，权贵的惨烈世界非其所虑。儒家不参与蜂虿之党，自然也自动避开了。只有老子身居要津，一切看得明明白白，所以才知道不要名、不要利、不要权，只为人民谋福祉，因此高居大位。在古代，政治的现场是权力与血腥交织而成，没有错，天听自我民听，所以照顾百姓者才能得天下，儒者关心的是这一部分的主观价值。但是实力与权力是血淋淋的，而且小人众多，儒者及大臣可以避开小人，国君又如何能避呢？所有的权臣小人都是要影响、欺骗、控制、主宰君王的，君王跟任何人接触都是危险的，也是避免不了的。避免不了的情况下，对于权臣小人，要么用他，要么杀了他，这都是必须狠下心来做个决断的。因此，儒家对应的是避开小人因而位居中下阶层的官员，老子对应的是“与狼共舞”而位居要津的大臣，只有让利才能保位。而国君就是被小人环伺的最高统治者。有时小人就是国君自己的欲望的化身或代言人，然而，水能载舟也能覆舟，小人固然可以帮助君王满足私欲，儒者就不肯满足国君的私欲，但是国君重用小人的结果是，自己被小人控制，甚至遭到杀戮。这当然是自作孽不可活。换种方式对待，那就是严刑重罚，国君自己必须完全没有私欲，才不会给小人任何可乘之机。而刑罚施行之际，又必须忍心寡恩，这都是国君必须知道的如何对付小人的原则。《韩非子》书中许多的策略、诡计、招数，也就是在对付小人、权臣、恶徒之时，所需要的护身、保命、守国的方法。

因此，《韩非子》所说没有错。至于史上阳儒阴法之说，其实是完全站在儒家的立场发言，儒家重视爱民的主观道德，法家重视护国的客观治理原则。儒家洁身自爱、避开小人，法家为君王计，有残酷的一面，这就是客观阶层的不同。法家为君王计的哲学，是中国哲学史上各家学派中最入世、最顾及体制、最为国君计谋的哲学，这一点，必须准确地定位，才能正确地认识。因此，为了治国保民，“阳儒阴法”确实是对的，表示法家的管理原理也要使用。而就君王而言，则必须“阳法阴儒”，法治必须昭明于世，至于爱民的仁慈，在政策上落实就好，控管的力道，不严格是不行的。因为，目标在对付小人恶徒权臣的政治，岂是仁政之治能毕其功于一役的。

就高阶管理而言，笔者主张，团队的管理者都应该有深厚的法家素养，《菜根谭》言：“势力纷华，不近者为洁，近之而不染者为尤洁；智械机巧，不知者为高，知之而不用者为尤高。”前一句讲给大臣听，后一句讲给君王听。但是，真正碰到恶人时，岂能不用？王阳明杀了强盗头子不就是如此？不建立事功则已，欲建事功，没有不忍心寡恩而能成功的。王阳明不是帝王，但就这一局，显然超越了仅仅是儒者的格局了。如果儒者认为这就是儒者的本色，而只是不说破，那么，“阳儒阴法”就变成儒者的正牌形象，而不是批判帝王的贬抑之辞了。

十、人事管理的智慧:《人物志》

法家是针对层峰的领导及管理而发言,《人物志》则是为所有的管理者以及被管理者提供人事管理的智慧。《人物志》形塑职场能力的类型,分析特性及得失,对谋职者认识自己最有帮助,但是对用人者更有帮助。《人物志》首先强调,真正顶尖的人物、最高级的智慧就是用人,其言:“圣人兴德,孰不劳聪明于求人,获安逸于任使者哉!”用对了人,自己就轻松了。而用人者,就是帝王,此时,各种人才都要运用,重点就是,平衡各类不同的人才,其言:“是谓主道得而臣道序,官不易方,而太平用成。若道不平淡,与一材同好,则一材处权,而众材失任矣。”用人要重平衡,否则部属之间会有纠纷,体制就失去了平衡,最后影响了整个国家机器的运行。至于用人者与被用者的状态又是不同的,《人物志》言:“至于国体之人,能言能行,故为众材之隽也。人君之能异于此:故臣以自任为能,君以用人为能;臣以能言为能,君以能听为能;臣以能行为能,君以能赏罚为能;所能不同,故能君众材也。”国体之人已是宰相级的人物,能力是最为全备的,但是国君又更不同,要更懂得用人,而不是被用,因此在人事管理上,国君是最上层的人物了。除了用人,就是能落实治国,治国还在于对人才的运用,这就是法家擅长的领域了,关键便是能行赏罚,有赏罚才有法治,有法治才有治国之效。

《人物志》直接讲开国君王的智能,那就是要有英雄之气,其言:“然则英雄多少,能自胜之数也。徒英而不雄,则雄材不服也；徒雄而不英，则智者不归往也。故雄能得雄，不能得英；英能得英，不能得雄。故一人之身，兼有英雄，乃能役英与雄。能役英与雄，故能成大业也。”从来都是才大者领导才小者，聪明和勇气两者皆然，简言之就是智慧低的不能领导智慧高的，首先你不理解智慧比你高的人的智谋，他说的话你无法理解就无法重用，其次，你会忌才，结果就会伤害他们。但是，人的智能如何提升呢？一要有理想，否则私利得到了，努力就停止了。二要努力，只有持续不间断地努力，才会不断提升智能。智能不是专业能力，专业能力就算达到顶尖，也只是某一领域的最顶点，至于领导统御的智能，才是可以无止境上升的能力，而这就是指一切良好的个性，而不是职场上的专业知识。作为领导者就必须是通才，而通才的个性应该包括：专业学识、责任承担、吃苦耐劳、耐操耐烦、积极高效、专注沉静、端庄威严、宽容慈爱、和颜悦色、幽默风趣、潇洒自在。

《人物志》讲领导者对待部属应有的两种重要态度，其一为敬，其二为爱。其言：

> 何谓观其爱敬，以知通塞？盖人道之极，莫过爱敬。是故，《孝经》以爱为至德，以敬为要道；《易》以感为德，以谦为道；《老子》以无为德，以虚为道；《礼》以敬为本；《乐》以爱为主。然则，人情之质，有爱敬之诚，则与道德同体；动获人心，而道无不通也。然爱不可少于敬，少于敬，则廉节者归之，而众人不与。爱多于敬，则虽廉节者不悦，而爱接者死之。何则？敬之为道也，严而相离，

其势难久；爱之为道也，情亲意厚，深而感物。是故，观其爱敬之诚，而通塞之理，可得而知也。（《人物志·八观》）

重点是，爱不可少于敬。敬就是严格的法治，有阶层逻辑；爱却是情亲意切，打破阶层。两种态度并和运用，才是统治者的御下之道。问题是，部属对待长官呢？其实也是爱敬都需要。有自信的部属，可以爱长官也必须敬长官。正式场合以敬的态度互动，非正式场合以爱的态度互动，这就是要领。但不能反过来，正式场合与长官称兄道弟，非正式场合又矜持得不得了，这就是虚伪至极的人物，应对不当也会为自己带来麻烦。《人物志》讲效难，亦即人才被拔擢晋用的机率是极低的，那么，真正的人才就自己创业吧。也就是说，《人物志》固然教育知识分子及官员识别人才之道，但因为职位或私心的关系，真能拔擢人才的事是不多见的，最高层峰的领导者宜注意之。《人物志》最后一章讲“释争”，是讲想要登上更高的平台，就得靠谦虚处下的态度，事情都乐意做，利益都不去争，而这也是道家老子的最高智慧所在。只要肯做事，一路谦虚下去，必定可以晋升高位，然而儒者多半看重声誉，不肯降志，于是就只能在基层照顾一方百姓。不过，这指的是太平盛世以及体制健全的时候，若是战争时期，或是体制不健全的时候，谦下之道也只能处于中下层管理阶层，站上高位是没有可能的。

总之，对于高阶管理者而言，《人物志》要通读、要精读，才能从低阶到高阶都有肆应的智慧。而法家是只有到高阶时才能体会及运用的，但法家也必须要有儒家的情怀，否则就只能成为枭雄而已，只是为一己之私的领导，最终还是会毁了自己。

十一、阶层人生的逻辑：《易经》思想

所谓高阶管理就是在体制高层位阶者的管理，而所谓的位阶正是体制的结构，在所有中国哲学有关人生智能的作品中，《易经》是最直接涉及阶层问题的哲学体系，其中六十四卦每卦六爻的架构，就是阶层逻辑的最佳表述架构。初爻基层人员，二爻基层主管，三爻自由人、边缘人，四爻上层官员，五爻君位，上爻卸任者、荣誉职。六十四卦中每一卦的六爻之吉凶祸福，就是依据人员的位阶而言说其命运的。因此在谈高阶管理哲学的时候，当前述种种学派的智慧见识都处理过之后，再来从《周易》六爻重新经历所有的命运轨迹以及不同位阶的不同命运风情，此时六爻的吉凶祸福和应对进退的道理就清晰易懂了。《周易》的位阶逻辑，当以乾坤两卦为基本型，乾坤两卦明白，其余六十二卦就是情境模拟的种种变形而已。就高阶而言，可以从四五两爻知道所有关于自己的命运，借由六十四种情境模拟，或是第四爻高官之位，或是第五爻君王之位，变化万千，种种警惕，种种建议，都是高阶管理者应该学习的自处智能。简言之，第四爻就是要内敛又强干，能与众人合作而办成大事业。第五爻就是享用一切资源荣誉权力的总其事者，天下安危维系于一人之身，所以国君必须具备一切的能力，尤其是人际关系的能力，实质内涵就是个性。有良好的个性，就能够掌握及任用优秀的人才。国君角色扮演成功与否的关键，以及评价

的标准，全都在用人，人用对了，国家就强大；人用错了，身死国亡。

十三、总结

讨论高阶管理哲学，是笔者近年来从国学切入中国人生哲学、生命哲学、管理哲学的议题之后开花结果的一个收获。讲高阶就是讲社会体制上位居高层者的人物角色，就中国哲学各家而言，有些直接面对，有些根本不面对。但无论面对不面对，高阶管理者都应该要知道各家的要旨，以便肆应各种局面，更何况，有几家的哲学就是讲给高阶听的。高阶有两种，简言之，一为大臣，一为君王。老子是大臣哲学，法家是君王哲学。儒家是小官哲学，不是儒家只能做小官，其实所有的官员，甚至君王，都必须是儒者，这样才会有太平盛世，只是儒者一旦晋升高位，孔孟所说的一套不够用了，必须增加更多的智谋，包括《老子》《韩非子》《人物志》《菜根谭》《易经》里面的种种智慧。

了解了各学派在阶层上的运用，就要善学善用之，天下事不能实验，只能实际去做。因此笔者主张，世间法通通要学，出世间法择一即可。世间法包括墨家、儒家、老子、法家、《人物志》、《菜根谭》。出世间法包括庄子、佛教等。同时，配合此在世界观与它在世界观时，拥有此在世界观者为儒、老、法，拥有它在世界观者为墨、庄、佛。这其中，墨家是有它在世界观却是世间法哲学的特例，然而中国本土宗教多是这种模型。

总之，中国哲学多为入世的哲学，入世哲学中多为百姓讲话，讲话者多为知识分子身份。因此高阶管理哲学中的重点是在大臣的哲学，但是，最高层峰不能外于高阶，这就有孟子哲学讲的对君王的期许，也有《易经》第五爻位角色扮演的直接处理，更有《韩非子》全书都是为君王计的思虑，除此之外，中国哲学多是知识分子以及官员的哲学。这其中，又有儒家哲学是遍一切位阶都需要的，但是位阶愈高，就愈需要加入其他更多的智慧技巧运用。儒家讲的是主观的价值，老子讲的是人事变化的客观规律，法家讲的是治理国家的客观法律，后二者也是不可缺少的，尤其是高阶管理。可以说，在初阶管理上，儒家是第一基础，但在高阶管理上，儒家的基础仍然是绝对必要的，但还必须有老子、法家、《易经》、《人物志》、《菜根谭》等的高阶者的处世智慧，才能克期致胜。

第三章　论中国作为文化大国的文化建设

中国的崛起是一个自觉觉他的历程，这从“一带一路”的种种作为中已有明显的体现。然而，自觉的大国必须有文化的承载，中国作为传统文明大国，它的传统文化也是人类文明的珍宝。二十一世纪之后的中国，经历了二十世纪的动荡、恢复、重建，作为一个大国在文化的建设上应该如何架构，正是本文要讨论的主题。本文将从以下三个面向讨论：中国传统文化的优势与特质、中国传统各家哲学的要点与适用性、作为文化大国之后的国际使命等。

一、中国传统文化的优势与特质

中国传统文化的积淀是厚重的，但是文化的厚重与现代史的悲惨形成了反差。梁漱溟以解决物质的、解决心理的、解决宇宙定律的三大方向说明中西文化及其文明时就已点明，中国文化的优势在于处理人际关系以及处理国际政治，要人屈从自己是不行的，科技可以让物质低头，人际之事需要靠自己的修养，因此中国文化、文明的优势在于严于律己、热爱他人。当然，这指的是其中的优良传统，若回顾历史，中国文明中的缺点也有很多，但这是人病而非法病，这一套中国传统人生哲学的智慧，确是人类文明中的瑰宝，只要国人自己能够真正了解，真诚学习，将其落实到自己的人格修养，则对个人、对国家、对社会都会大有裨益。

中国文化类型众多，文学艺术、科技医疗、人生哲学、政治思想、宗教信仰等，体系庞大，内涵丰富。但作为文化大国，首先还应具有客观实力，如经济、国防、科技、国土、人口等各个方面的实力，在这些项目站稳之后，才讲文化大国。没有客观国力，文化就缺乏舞台、土壤。然当国力强大之后，文化是最能彰显实力的光而不耀的精品，这时候就需要以一个国家底蕴深厚的文化作为相应于它的国际地位的证书。就此而言，传统的文学艺术可以再度发光发热，因为它本身的成果就是永恒而普世的。科技医疗可以再接再厉地发展，与西方的交流学习不可少，这一点上，已经做了许多，但传统的技巧丢掉得太多。人生哲学部分，就是儒释道三家的精粹，这一部分是独步全球无人可比的。

今天，中国崛起，中国人就应该再度以传统优良人生智慧塑造自己，此正其时。不是也可以说，正是中国人自己的人生高度出了问题，才遭受了十九世纪末到二十世纪的灾难吗？当然，历史的发展线索太多，谈人生智慧也不足以掌握历史的全貌，就人生智慧本身而言，它本来也是超越历史、超越民族国家而拥有普世价值的。任何一个古老的民族都有人生哲学，但在历史中延续至今，其哲学被体系化地建构出又持续地被保存及再创作的，则无如中国传统的儒释道三家了。至于政治思想，中国向来以儒家为主，但也有法家、道家、墨家伴随其中，各自重点不同，立场不同，颇有争辩的空间，但若能融会贯通，则能派上古为今用的大用场。中国传统文化精彩万分，道教、佛教属宗教范畴，儒家思想则属于政治思想的范畴。道教实际上有强烈的入世情怀，形式上有宗教性，但精神上从不舍离世间，因此常常会出手协助政治事务，当然也会成为推翻王朝的力量之一，因此历史上道教与政权多是紧密又紧张的关系。佛教不然，真正的佛教，必然是出世的，即便入世也只是关心个人的永恒生命，它的出世性格本身与政治是隔离的，只是由于它具有深刻的影响力，在历史上有时会受到限制。

今天，所有优秀的中国传统文化都应该被复苏与重建，从而进入历史的轨迹中，这就需要中国人自觉地继承与深入地学习及发挥。那么，它们各自的内涵与学习和发挥的要点是什么呢?

二、中国传统各家哲学的要点与适用性

以下的话题将以中国墨家、儒家、庄子、老子、法家、佛教作为讨论的学派，附带《易经》《人物志》《菜根谭》三部经典。

（一）人生智慧中的各家学派

就人生智慧而言，墨家贡献不多，墨家更多的是一些平民百姓对于政治事务的呼吁，个人修身养性的着墨极少。儒家在

人生智慧上就贡献卓著了，基本上就是中国人的主流道德价值，孝顺、爱国是其世间形象，做君子为民服务是其价值理想。为做君子，儒家有许许多多的人生修养智慧，《论语》中对于君子小人之辨，对于仁、礼、孝的价值意识的定位，都成为中国传统的主流价值观，两千年来稳定了社会的基层，也成为有能力的优秀士子为国效忠的生命理想来源。庄子的人生智慧是逍遥自适的，关键就是不以社会世俗的眼光定位自己，追求个人的自由逍遥。这对于缺乏社会服务性格的人正是心灵最好的出路，但更是对于才能得不到施展的人士重要的心灵依归。中国文化就因为有了庄子的智慧，艺术心灵获得源泉，不为社会知闻的个人才技得以尽情创造，失意者找到去处，从此放下身外的追求，关注人生的自适，诗词歌画医养武艺，创造一个人的天下。老子的人生智慧就是无私服务大众，这是高层管理者的生存之道。唯有让利于人，才有领导统御之实效，但这种无私无为的智能使用在人生互动的任何场合都是积极有用的。人往往好名、好利、好出风头，学习老子谦虚的智能，对于任何人都是有效的，重点就是自己要能舍得放下私利。法家关心国家安危，关心国君安危，关心外交攻防，关心兴利除害，但所思皆是群体性的、国家体制性的，可以说都是政治哲学，对个人的建议也都是从政治的处置角度发言，没有什么个人人生修养的观念，所有对个人的修养观念，都是在社会体制、国家群体事务的处置时所需的能力要求。法家的个人只是国家的工具，对国家最为有效，但对个人却最无情，谈不上人生修养，但绝对有政治思想，以及应对政治任务的能力锻炼之要求。佛教则全是个人人生修养的智慧，不论是小乘还是大乘，都是追求彼岸，大小乘之别只在大乘助人渡彼岸，小乘自渡而已，但这也是大乘的方便说词。大小乘都追求永恒的生命，家国天下甚至宇宙天界都是自我存在的外化而已，人生的意义就在于净化这内外的国土。这样一来，佛教绝无政治思维，有政治意见也是为了个人生命的福祉，而非国家体制的维护，更遑论政团的权力攻防。

从人生智慧的角度来看，庄子与佛教全为个人，针对社会体制的人世间而言是出世的哲学，而儒家与老子固然有充分的人生智慧，却更有对国家体制的关怀，个人生命的出路也在社会体制的角色扮演上完成，所以是最入世的哲学。墨家学说为人民百姓而设，但没有针对个体的人生修养的深入讨论，而是面对国家体制的政策要求。因此，要从古人那里学人生智慧，入世心多者学儒、老，出世心多者学庄、佛。

（二）政治思想中的各家学派

就政治思想而言，墨家可说的就多了，要“尚同”，这是尊君的部分；要“尚贤”，这是爱民的部分。为了国君能让贤者治国，为了贤者能够全心效忠，墨家还提出了国君要能够给贤人以名位、权力以及丰厚的报酬，让贤人能够专心治国。墨家最能站在人民立场，无论任何战争，可怜的都是百姓，故而墨家主张“非攻”，主张“兼爱”，可惜立论基础薄弱，都是一厢情愿的呐喊而已，关键是讨论问题的进路比较片面，难以统观全局。墨家又有一些与儒家唱反调的政策立场，如“非乐”、“节用”、“薄葬”等，但与其说是跟儒家唱反调，不如说是对当时上层社会奢靡之风的抗议；《韩非子》书中就提到齐人的厚葬之风，大臣建议要处罚这种行为以遏制这种风气。儒家重礼乐，但也与奢靡无关。墨家要贤人治国的目的是要贤臣照顾百姓，若国君不能执行，则主张有“天志”的存在，并主张“明鬼”、“天志”及鬼神是可以对国君实行赏罚的，天“好善恶不义”，且天下人包含国君都不可能逃于上天和鬼神的赏罚，这就是墨家政治思想的精要，只此而已。所以说墨家是基层百姓对政治的期望，他们在社会底层，无力过问政治，只好诉诸鬼神以约束政治，下层百姓在历代中国政局中也只能如此了。若国君还是不听，墨家固然没有提出什么革命的主张，虽然期望有明君，期望天下大治，但事不可为时也只好革命了。不过，革命是孟子的思想，但孟子的革命不是下层百姓的革命，而是贵族的革命，甚至是皇室宗亲的革命，被孟子视为高义的汤武革命就是贵族的革命。

儒家是政治思想的学派，儒家的政治是站在知识分子立场爱护人民的君子的政治，孔子教育弟子要从政，从政要爱民。孟子强调儒者是协助君王治理天下的专业政治工作者，本身应该受到君王的礼遇尊重，若君王不能尊重贤臣，大臣必须去职。孟子自己就去齐，孔子也去鲁，去掉了政治职务之后就只能以教育家、政论家的身份面世了，但是儒者的理想就是从政，而且是以知识分子的身份从政，不论自身是贵族还是平民，都有从政的理想，目的就是照顾人民的生活。

孟子多方论证只有照顾百姓的国君才能够王天下，孟子也高举尧舜禹汤文武的政治为理想的君王政治，关键就是“行仁政，爱百姓”，则天下贤人助之，天下人民归之，在分裂的时代只有这样的君王才能够统一天下，“不嗜杀人者能一之”，“杀一不辜”得天下不为也，所以儒家的政治思想是关于政治理想的哲学，关于国家存在目的的哲学，以知识分子的身份关心国事的政治哲学。儒家没有以统治者自居，总是衷心期盼明君在上，自己也不是发动革命的人物，革命仍是贵族对贵族的事业。齐王问孟子：国君不受贤臣教化时该如何？孟子说若是宗室之臣就将国君换掉，另找宗室贤者居之，若是外姓之臣离开就好了。可见儒者心中没有统治权的思想。秦以后历代的儒者，已经没有孔孟去国的自由了，对于国君与国家也只有效忠一条路，国君不行的时候，除了自己去职也无他法。去职之后，若是为了稻粱谋，那就做个小官，尽忠职守，照顾一方百姓。也正因此，在儒者治理下的地区，倒也能维持人民的安康。除非儒者自己变身为夺权的枭雄，否则就会安于下位。董仲舒如此，王阳明如此，不为言官则为地方官，不为地方官就逃官去了，做个逍遥的百姓可也。若是智慧太高，就教书著述，流芳万世。所以，自由自在的庄子是儒者书生的一种出路。若是不甘放逐自己于市井山林，那就努力跻身高层，与权臣一搏。不过，此时之儒已非纯儒，必须有老子的智慧，或许还有法家法术势的聪明技巧，或是像《菜根谭》般地通透人生，否则硬骨头一来，结局都是自己去职。也可以说，儒者对于最高权力的问题仍受限于中国传统君王政治的格局，但他们本来就不是统治者心态，而是以管理者自居。

庄子的真面目不能算是政治哲学，而是人生哲学，但庄子学说也有明确的政治态度，即政客是可恶的，国家是束缚人民的怪兽，国君若能不治理天下，人民反而幸福满满。对于儒者，总觉得他们做的都是不能成功的事情，白费力气而已，至于庄子自己，就做个大隐隐于市的自由人吧。庄子就是个出世的哲学家或智者，他追求体制外的个人自由，体制对于他而言就是束缚，万一不小心当上君王，就执行放任政治，一切不管，大家反而快乐幸福。当然，这是不可能的事情，所以，庄子哲学对政治建设是没有理念的。庄子哲学只对个人人生修养智慧有重大的贡献，那就是当政局不可为的时候，要看破体制的虚妄性，不要一死报君王，追求一个人的生活技艺的天下才是正确的出路。

老子哲学是政治哲学，包括了个人修养的智慧。老子的政治理想必须透过个人的修养才能实现。老子的政治理想也是爱民治国，甚至也要取天下，根本在于追求天下不能与之争。争什么？争治理天下的权力。为什么要治理天下？因为他正是一个地道的儒者，不为私利，只关心百姓的福祉。老子掌握了处世的规律，屡言物极必反，“反者道之动”，意指事情朝相反的方向发展，而这根本就是人事的铁律。为何如此？谦虚者人敬之从而居高位而不为人害，骄傲者人厌之从而不易晋升，就算升上高位亦人人欲害之。谦虚、让利于权势心态的人物，保住自己的位子，然后虚与委蛇以治理天下。

既然铁律是“反者道之动”，那么处世就要“弱者道之用”，守柔谦虚就是弱者的意思，并非无能，而是采取低姿态，并且减少自己私利的欲望。与群众共事，利益都让与他人，则人人乐与共事，事业可成。只是，有哪个政治人物能够利益皆让人？不都是为了利益而来夺权的？老子主张要有权力又要让利，可见他得权力的目的就是为了人民百姓，为人民服务而不是为了自己，因此，老子类型的圣人也不是权力型的人物，而是服务型的伟人，是有儒者爱民利国胸怀的知识分子，只是他更加看透人性，知道权力世界的逻辑。大家都是为争利益而来，人性如此，没有例外，不必抱有幻想，不必像儒者那样期待圣君明主。老子式的智者选择投身权力之中，一样掌权，且掌握得更为紧密，因为人人乐推，处上不厌，于是可以影响众人，可以推动政策，可以服务天下。但是，荣誉归君王，权力与权臣共享，利益归部属，资源归天下人，自己孑然一身，没有私利。私利早已损之又损，故而能无为而无不为，因为人人都愿意他在高位，事情都是他来做，利益都给周围所有的人，这样的修养智慧，怎么可能不成功？所以老子是政治哲学与修养智慧合而为一的类型，即河上公之所言“治身即治国”。老子这种类型的人物，可以为君王，但也不必一定要为君王，为大臣亦可，甚至不是大臣而有大荣誉的受尊重之人亦可。总之要扮演团结众人的角色，透过自己的智谋才干把事业干好，又让利于他人，只有完全无私的人才可做到。如此，这不是真儒是什么？又有几个儒者真能做到？照顾天下岂非儒者所求？总在荣誉地位名分上计较，己私未克，何以治国救民？所以，儒者可以在高位，但必须有老子的智慧才可以做到。

法家讲的是政治哲学，甚至是不谈个人人生智慧的政治哲学，如果谈智慧，也是政治管理的智慧；如果谈修养，也是政治谋略时所需的修养。法家的目的在富国强兵，法家的言说都是讲给君王听的，告诉君王如何保命强国。儒家也讲话给君王听，但是是要君王爱护人民百姓，儒家不关心君王的权位，谁做国君不是知识分子的事情，不见子路干涉卫政就被剁成肉酱了吗？孔子就没有介入，孟子也不管谁做齐王，只是会发牢骚说“望之不似人君”。但法家要管，关键是国家要强大，君位必须稳固。而君位是最危险的位子，儿子为取而代之会杀他，后妃怕失宠会杀他，权臣为夺权会杀他，敌国为兼并会杀他。想杀他的人众多，历史上国君自然生病死亡的不到二分之一，所以《韩非子》以“法、术、势”三策告诉君王如何保命守国，进而富国强兵。而法的关键就是赏罚必行，若能实行赏罚而重法治，韩非说庸才也可以治理天下。此说笔者不同意。能行赏罚就是一种超级厉害的能力，罚是能够忍悲寡情的人才做得到，赏是胸襟广阔的人才做得到，缺乏这种意志与个性，赏罚不行，法势就不重，如此，则一切策术亦无法发挥功效了。韩非在《内储篇》说明了种种国君御下的策略，目的都是为了严格控制臣下，牢牢掌握权力，其中有太多的谋略，不是横空出世的天才，就算是知道，也还是难以办到。

如此看来，儒家是站在臣子的位置上管理自己的私欲以利益天下人民，老子既站在臣子位置也站在君王的位置管理自己的私欲，以及管理别人的私欲、好胜好表现之心而利益天下人民，法家则是站在国君的位置管理臣下的欲望以保证自己的权势。三家都是管理哲学，但面向不同，目的不同，于是做法就差异巨大，功用也不一样，适用的角色也不同。也可以说三家都是管理哲学，都是入世的哲学，都有政治思想，但都是人事管理的政治哲学，而不是政治体制的哲学。关于政权的问题，儒墨法都是君王政体的格局，没有超过。君王得自己打天下，儒者不与役，儒者是等天下打完之后再出来治理而已。

在政治思想方面，佛教是不着力的。佛教认为，理想在彼岸，世间的一切都是幻象，即便关心了政治，也是政治与度人之间的问题，佛教没有建设政治体制的心愿，本质上就是出世的哲学。

总结政治思想部分，庄子和佛教是出世哲学，不管政治体制内部的问题。墨家站在人民的立场呐喊，也不能涉入政治。只有儒、老、法三家涉入政治，这三家就是最入世的哲学体系。儒家管好自己以照顾人民，但对君王及权力没有办法。老子管好自己也管好权力人物以照顾人民，对权力是一种云淡风轻的态度，但有办法。法家教育君王管好自己以及管好臣下，追求富国强兵。法家加上术家，对政治的办法良多，是高层从政者必备的思想武器。

从政者，必须决定自己是哪类人物，要爱民，就是儒者；要影响政策，就是老子；要治国，就是法家；要打仗，就是术家。术家在儒者心中没有地位，老子类型的人物一转身就可以是术家，法家当然包含术家的思维，但与老子类型的不同就在于看重的是人民的利益还是国家君王的利益而已。真正的法家自己也是儒者，真正的老子类型人物自己也是儒者，面对诡谲险恶的政治环境，没有老子智慧、没有法家思维的儒者只能甘居下位。虽然如此，求仁得仁，又有何妨。天下的安定不都是有赖于基层的官员信守爱民的道德吗？儒墨道法自己都不是权力型的人物，权力的争斗场中人心已不单纯，儒道墨法都是知识分子心态，损人利己、杀一不辜得天下，都不是知识分子该有的作为。

三、作为文化大国的使命

要做文化大国，就要认识文化，一个民族的子孙对自己优良的传统文化不了解，如何做文化大国？文化必是成长于民间的实质生活，只有在人民的生活中真正得到展现，才会成为国家民族的文化。因此，在政府的鼓励协助下，让良好的中国文化一步步恢复生机，必然是中国崛起最大的广土资粮。

那么，上述各家哲学思想在未来的推动上应有怎样的作为呢？

首先，墨家早已不存，但是墨家民间组织的类型在中国历史上绵延不绝。当民间社团以娱乐爱好为组织目标的时候，这就是太平盛世政治清明的表征，人人工作之余都去当庄子以自娱娱人。当人民不得不组织社团以自救保命的时候，这就是政治不良的社会现象。民间当然会有组织，会有社团会社，社团要努力与政府配合，以慈善团体协助照顾弱势群体，这就是民间团体的良好经营之道。当社会走到人人安居乐业、纷纷组织如大学里的学生社团，以学习种种课外技艺的时候，这岂非盛世之兆？

儒家是中国有良心的知识分子的神圣中心，做官以为人民服务为目的，深明公私义利之辨，承担照顾百姓生活的神圣使命。今天，所有官员都应该是儒者。为什么元以后的科举考试那么重视“四书五经”？就是因为儒家的著作都是以培养官员成为圣贤为目的的，历来对儒家的批评诟病，都是官场人病作怪，不是儒学理论有问题，而是人欲难填，不能自省者就与官场人病同流合污了。儒家的复兴代表中国人文精神的全面起立，自古以来，只有更多的人成为儒者类型的人才，这个社会才会是健康良善的社会，国力的强大才会指日可待。

庄子的逍遥独立精神，原本是对不义社会的逃避，但当太平盛世之日，人人都可以是庄子，“大块载我以形，劳我以生，佚我以老，息我以死”。年轻时好好工作，老年后快乐享受人生，鱼相忘江湖，人相忘道术。大家在体制中工作，互不倾轧，互相欣赏，快乐工作，下班后怡情养性，人人都成为快乐的庄子，正是后现代社会最美丽的图像。盛世大国的人民都应该享受快乐的生活，所以庄子的精神一样要倡导，让民间生意盎然勃发，让艺术、文学、设计、美学风行天下，美矣快哉。

老子谦虚让利的智慧是更有能力的人的修养指标，承担更大责任的人就更需要无为无欲，已身处高位者就应思爱国利民，人性好名、好利、好表现，见不得人好，高位者就是要来宏观调控人性的。一个正常的社会必是有能力的人站在高位，一旦站在高位，就是要更多为民服务，不思己利。身在高位的人都需要有老子“损之又损”的胸怀，都能如老子所言“取天下常以无事”，“夫唯不争，故天下莫能与之争”。上大位者，都必须要让利于人，才能永保权位。

法家的哲学中从未主张穷兵黩武、杀人放火，严刑重罚是不得已，阴谋诡术最终自招其祸，但治国不可无术，而治国之术就是举重若轻的公共政策、四两拨千斤的便民措施。当人人重法守法，上下以法相待，而没有台面下人脉流动的事情，一个文明理性的社会就建立了。人民与政府互相信赖，就在执法的公平。以儒者爱民的心行公正的赏罚之治，就是法家的真正精神。《论语》不也主张“导之以政，齐之以刑，民免而无耻。导之以德，齐之以礼，有耻且格”吗？当民德归厚时，法律只是礼仪；当人心浇薄时，刑罚通常只及下民。所以，做官的要有儒者爱民的胸怀，则法律刑罚的施设就是对付恶意犯法的人物，刑罚成为造福平民的利器。儒法并治，是立国的机要，两者皆需。

最后，文化的输出要靠实力，一是以客观的国力为依据，二是以主观的文化实力为动力。就此而言，中国固然已有相当的国家客观实力，但是文化的实力尚有待加强，当某些人有媚外崇洋倾向的时候，对自己的文化便是蔑视的。当然，这是个人的选择，但是中国的土地是否居住了素质优良的国人，这才是文化是否强大的表征。笔者期望，所有有自觉精神的国人都积极努力，无论如何，这是一个好时代，一个可以前进的时代，莫等他人的资源，自己的努力就是资源的创造来源，创造吧！实践吧！

第四章　论中华国学的社会生态

本章之作，乃笔者于吉林师范大学参加“海峡两岸国学与社会生态治理论坛”上的发言稿，整理后已发表于《吉林师范大学学报》。

一、《周易》六爻的社会生态理论

首先，《周易》六爻就是一套社会生态的架构，本文就是从国学的角度以及学派的特色来说明这个生态，借由各学派的适用领域，来落实《周易》六爻的生态理论。这里所说的生态，就是不同的社会阶层，而这个阶层，可以对应《周易》的六爻阶层，而它们恰好有各自的一个学派来对应，有六个中国哲学理论可以一一放到这六个阶层上。

（一）第一爻墨家

《周易》六爻的第一爻就是最基层的百姓阶层，这个阶层当然有它自己的社会生态，这个生态是墨家的属地。

（二）第二爻儒家

到了第二爻，是基层的管理者阶层，有关行业的公职人员，包括我们这些老师，就是第二爻的阶层，这个阶层是儒家学派的发言视角。这个阶层有强烈的自我意识，认同自己的工作职掌，勇于承担社会责任，有服务的人生观。他们追求自己的理想，提升自己的能力为社会服务，这刚好被儒家的理论解释清楚了。

（三）第三爻庄子

这个社会还有一些人，他们不想被体制束缚，而是要追求他自己的自由。如果大家都是公务员，都是老师，虽然个人有自己特殊的技艺与才华，但这些技艺才华，在这个社会体制中反而会受到束缚，因此他想要脱离社会体制，自己一个人单干，由此一来反而更能够发挥他的才能，如艺术家、音乐家这样的人物。而这种思维和价值观就在庄子哲学中，庄子正好替他们做了发言。这就是第三爻，在社会体制上的位阶是不上不下。如果不想进入体制扮演角色，庄子哲学就是最擅胜场了。

（四）第四爻老子

然后是第四爻，这一爻进入了体制的高层，担任高级的主管。这个主管就是君王身边的一级大臣，他要带领团队，为天下谋福利。这个阶层的人物，个个武功高强。孔子说："及其壮也，血气方刚，戒之在斗。"（《论语·季氏》）他们很好斗，其实，“节义之人济以亦衷”，否则不足以成就他的事业。因此这个位阶的人，特别要谦虚、收敛，减少自己的欲望，才能真正为百姓服务。对比于第二爻的基层干部，这个位阶的人还可以有英雄气概，可以做人民的英雄。但到了第四爻的高层，就必须收敛自己的气势，才能跟大家合作，因为他若不收敛，一心表功，就会造成国君的压力，也会被同事嫉妒，于是人人找你麻烦。一个人做事，没有人找你麻烦，才能把事情做好。这种思想，就是老子的哲学。讲“损之又损，以至于无为”，讲“生而不有，为而不恃，长而不宰”，讲“后其身而身先，外其身而身存”，讲“我有三宝：一曰慈，二曰俭，三曰不敢为天下先”。

当人们进入了高层以后，你本来就应该有本事，否则你如何进高层？因此你就应该奉献。但是人人都有本事，谁来带头做事呢？所以就要有“不敢为天下先”的智慧，“不敢为天下先”的意思是大家都有实力，谁出头都可以，自己当配角就好，帮助领导把事情完成。事情完成，才是最重要的。如果大家都有实力，都想出头，都有好胜心，都在争斗，当你抢到了发言权、执行权的时候，你已经制造了一堆敌人，你也做不成事了。所以“不敢为天下先”不是不做事，而是不要抢当老大，不论谁当领袖都可以帮他做，这样就会形成一个强大的团队，能做事的团队。这个阶层的思路，就是老子的谦退智慧。这就是一个生态，第四爻的高阶官员的生态。

（五）第五爻法家

任何一个体制，都有一个最高的领导，这就是《周易》第五爻的生态。领导者最重要的就是两件事：政策的拍板，人事的任命。人事任命以后，还要控管干部，《韩非子》讲话，就是讲给这个位阶的人听的。有功一定重赏，让有功者成为众人的典范；有过也一定惩罚，让他的劣迹给人以警示。这样，体制的秩序才能稳固，否则内部法纪紊乱，绝对不会是一个强大的团队。如果不是在战争时期，你还可以活，如果是战争时期，你肯定被别人摧毁。所以团队一定要有纪律，而这个纪律，就是君王的责任。君王没有威权，不能够严格地惩罚，团队就不会有纪律；惩罚之外，还得要对有功的大加奖赏，这就是赏罚二柄，不仅有罚，也有赏。有些君王不能赏，没有那个胸襟让自己的部属获得成功的荣誉，怕别人超过自己，关键就是自己的能力问题。所以君王必须是最有能力、最有胸襟、最有智慧的人，然后意志坚定地执行赏罚，这样的人才能稳坐君王之位。这个思路，只有《韩非子》讲清楚了，它是一个阶层，但不是一个群体，往往是一个人，这是一个最高阶领袖的社会生态，是一种角色，董事长、君王，任何一个单位的最高领导者，都是这样的一个角色。

（六）第六爻佛教

人经历了帝王之位，或是在高层卸任主管之位以后，社会各阶层的角色事务都经历过，再也没有所谓的社会体制的上一层可以爬了，这时候就要给自己的人生做个收尾。这又是一个社会生态，这是第六爻的阶层。人在此时，会回顾自己的人生，自己跟别人的命运就是不同，为什么？这是一个问题。再一个问题，面对自己长辈的生死问题，每个人都会有疑问，人死后有没有生命？在古代传统的中国哲学里，对此问题，儒家不多谈，道教谈得有点杂，佛教谈这个问题，并且有理论主张，它是站在知识的立场上开发整套理论。

以上用《周易》六爻说六个生态，再配合此在世界与它在世界的世界观来看人生的整体，并回溯这六个位阶的六套哲学体系，看它们各自所设定的活动领域，其中就有它们的世界观、价值观和人生观。有些学派专注于家国天下，有些学派超越了家国天下，有些学派甚至超过了天地之间，从家国天下跳出去了，到它在世界了，然后再回过来经营此世的生命。当然，每一个人都还是活生生的人，都活在现实世界里，从这里来看我们生命的进退，是要用家国天下的角色执掌来看，还是用超过了家国天下的永恒世界和它在世界的世界观来看？这就是对自己所处的生态的认识与选择的问题了。

二、社会生态治理中的各学派特色

接下来谈让国学智慧进入我们社会建设的时候，这一个一个的学派，我们是要用它们的什么东西？哪些是对我们今天有促进、有帮助的？这是我们现在要处理的问题。以下依照一个个的学派分开来谈。

（一）墨家是民间组织的生态

墨家是民间智慧，这个民间智慧有它在世界的鬼神观与信仰，但它完全是入世主义的哲学，虽然有它在世界的鬼神存在，却是入世主义的关怀。他们存在于民间社会，关心日常生活。佛教世界观中充满了它在世界的存有者，但佛教是出世的，终极的理想是在彼岸，而中国的道教的终极的理想却是在此岸，道教中的城隍爷、土地公都会和现实生活发生关系，帮助社会符合正义，墨家就是这个类型，它有宗教信仰，但鬼神是谁，坦白说这个不重要。中国历朝历代的民间会社，都有自己的主神，神是谁不重要，有神就好。这个神的功能就是要吓唬吓唬君王，因为百姓对君王没有其他的限制能力，所以墨家的生态就是民间社会的生态，他没有掌握到社会体制的资源，只有百姓互助合作的资源，而它在世界的重要性，就是心灵的寄托，假天志以要求君王好善恶恶。

（二）儒家是知识分子基层干部的生态

儒者是要进入社会体制的，因此儒家是体制内的哲学，而且是维护社会体制稳定的哲学。儒者绝对不要摧毁体制，真正有儒者性格的人，不会去篡位，不会去夺权，他只是要来服务的，除非这个君王昏庸至极，大家都受不了，才会赞成革命。这就说明了为什么历代的君王会发扬儒学，会让儒者进入政治体制里。因为儒者都是要培养自己，协助君王，治理天下，成为专业管理者的。他是有理想的，而理想就是照顾百姓的生活，让这个社会国家变得更好，他读的书是《诗》《书》《易》《礼》《乐》《春秋》，他学的东西是礼、乐、射、御、书、数，这些都是教他如何让社会变得更好的知识和技能，所以儒者生活世界中的生态环境，就是经验现实世界的治理问题。它也不谈鬼神的世界，但是在理论上没有否定鬼神的存在，孔子就没有否定，只是到了宋儒张载否定了。朱熹为了否定，先肯定，因为肯定，反而给了鬼神存在的地位。张载的否定是说“鬼神者，二气之良能也”，就是用阴阳说鬼神，他认为只有阴阳作用，没有真正的鬼神。朱熹接着这个立场，讲人死以后，重气下降于地为魄，轻气上升于天为魂，魂暂时没有散掉之前，就是我们所谓的鬼魂，但是最终还是会散掉，所以还是没有鬼神。不过，朱熹此说反而让鬼魂有了宇宙论的暂时性的存在。总之，儒家不重视鬼神，鬼神在儒者治国的事业里面，没有关键性的角色。“以为文则吉，以为神则凶”，这种“神道设教”根本上是教化的问题。所以它的生态就是实在世界，它不重视它在世界的鬼神观，是标准的入世主义者，也就是知识分子的生态、管理集团的生态，协助国君管理国家就是儒家的定位。

（三）庄子是个人天才的生态

庄子眼中的国君，没有一个是好的，没有一个国君是为人民谋福利的，反而都是束缚百姓，甚至发动战争，造成生灵涂炭的。庄子对人类世界的政治是绝对失望、彻底否定的。因此他追求个人的自由自在，甚至讲心斋、坐忘、堕肢体、黜聪明，追求不死不生。可以说神仙才是庄子最高的向往。如果没有成为神仙，那么在人间，就做一个“无用之大用”的自由人，绝对不受社会礼俗的束缚。大家觉得在社会生活是件很累的事，要比这个、比那个，要用社会世俗的眼光看自己，然后要求自己符合社会世俗的标准，结果就很辛苦了。这是因为我们用了世俗的标准来评价自己，因此才有所谓的命运的好坏。庄子告诉我们，你做你自己就好，不要用世俗的标准衡量你的成就，不要用社会的眼光影响你的心情，你做自己就快乐了。你又没有杀人放火，又没有损人利己，你就做自己想做的事情就好。你唱歌好听，说不定有人花钱请你唱歌，那你就唱歌好了，其他的都可以放下。

这就是庄子哲学的类型，完全自由，完全超离于社会体制在想事情。而庄子哲学又是具有它在世界的神仙观的体系，因此他就会有出世主义的立场，他不在社会体制内寻找价值目标。就算身处社会体制，他也不想往上爬，也不想利用体制让自己变得更好。但在社会体制内，他是大家的开心果，就像天使一样。他会让每一个人心情舒畅，因为他没有任何利害的机心。如果有两个权力人物在做权力斗争，心情不太好，他们都会去找这位庄子心态的人，倾诉自己内心的苦闷，也只有这个人，可以跟他讲心中的苦闷。因为他是没有是非机心的人，所以他会成为天使，是大家的开心果。

所以，庄子是体制外的哲学，是出世主义的哲学，是有它在世界世界观的哲学。中国哲学的个人主义仅此一型，但就此一型，它能解放受束缚的心，能安抚儒者在职场上受创的心灵。如果你有庄子的心灵，你就能够学会看破，学会放下。当你放下了，就不会失望、伤心、绝望。人世间大约就是如此，不必追求完美，这就是彻底地放下、看破。一个人有出世主义的胸怀，才能找到心灵解脱的出路。所以如果发生了不好的事情，不必硬碰硬把自己撞死，要给自己一个出路，这就是自由主义、个人主义、社会自由人的生态。

（四）老子是高阶管理人员的生态

老子哲学的生态是体制内的，而且是社会高层的。这个世界要变得好，就是我有能力让它变得好。专业不是问题，资源不是问题，授权也不是问题，你都到了高层，你一定有授权。但你是不是能够把事情办好，就要看最后一个条件“人和”，“人和”就是老子哲学最重要的思考。老子完全了解人际关系互动变化的律则，而且是铁律，这个铁律就是“反者道之动”，讲的是有时候事与愿违，比如能力强的人会被别人伤害，做好事的人会让人厌恶，为大家服务的人却会被人排挤，这就是事物朝向对立面运行的意思。

其实，这个铁律是某一类人的铁律。如果你昧于人际关系，那么这就会是你的铁律。如果你了解人性，你就会转过来，做到“弱者道之用”。你一旦做到“弱者道之用”，就能够“取天下”，就能够“天下莫能与之争”。刚才说的那些铁律，都是由于不了解人性“有无相生”的原理。“有无相生”就是你很优秀，就表示别人不够优秀。你领导他，照顾他，对他谦虚，他很受用，感激你。你领导他，照顾他，但是你对他很骄傲，人前人后说他的成功都是靠你帮助的，你就对他产生巨大的压力。第一个被你帮助的人你这样对他，你对他产生压力，第二个人你也这样帮助他，也对他产生压力，所有被你帮助过的人都被你的巨大的压力踩在脚下，他们受不了了，团结起来反击你，你再优秀，也会被打下来。你作为一个强人，有能力的人，就等于所有的人都不如你，因此你是应该帮助大家的，大家接受你的帮助本来是非常感激的，然而你却高高在上，践踏别人的尊严，这就会让所有被你帮助的人认为你只是利用对他们的帮助来践踏他们，践踏别人来炫耀你自己的才能，所以他们就要联合起来把你推翻掉。

这就是“有无相生”、“反者道之动”的铁律。“有”是正面表示出来的，“无”是藏在人心里面没说出来的，不让藏在人心里的“无”发展出来，就要靠“弱者道之用”。你强就表示别人弱，你让弱者的情绪发展到了极致，当这种情绪爆发了以后，人家就要把你推下去了。“有”出现的时候“无”就出现，你在“有”的发展过程中时刻都要注意不要让这个“无”发展起来。不让“无”发展起来，最好的办法就是“弱者道之用”，也就是谦虚待人，你就不会遭受到“反者道之动”的命运了。“反者道之动”就是说事物常向对立面运行，这是因为你没有掌握到“有无相生”的铁律，如果你能够运用“弱者道之用”的智慧，尽量为大家服务，但永远谦虚，采取低姿态，那所有的人只会爱你，只会感激你，永远不会想把你推翻，你就永远都不会落入“反者道之动”的铁律中。

关键是你永远“慈”、“俭”、“不敢为天下先”，你永远“生而不有，为而不恃，长而不宰”，你永远“后其身，外其身”，你永远“损之又损，以至于无为”，你永远“夫唯不争”，你永远“功成弗居”，你永远“弱者道之用”，你就永远不会被“反者道之动”了。在社会体制的高层里，为什么有些人做得长长久久，而且做事情都能成功，大家都喜欢他，下次再做什么事情大家也乐于找他做并且帮着他做，就是因为他懂得运用“弱者道之用”的智慧。为什么有些人到了高层，大家却讨厌他，害怕他，讲话人家不想听，做事人家不想帮？自己心情也不好，身体也搞坏了，那都是因为他太好胜、太好强。你强，别人就弱，不要让别人弱于你的这种感受变成情绪，变成嫉妒，变成怨恨。而是要让你对别人的有用跟帮助这种感受变成感激，变成爱戴，办法就是你一直采取低姿态，一直替人设想。

所以，老子的哲学是体制内的哲学、入世主义的哲学，不靠鬼神，靠我的能力，靠我的人格。我作为一位大臣，把事情办成，难道我是靠拜鬼神就能够办成的吗？如果真的如此，那我们办公室里头只要放一些神像就好了，不需要我们做什么事了。

孔子哲学也不需要鬼神，但墨家哲学则需要鬼神。为什么？因为它不掌握体制内资源。墨家讲的是百姓对君王的要求与呐喊，假使对方不能满足自己的需求，鬼神就是他唯一的抗议武器了。但进入体制内的人则要靠自己的能力。体制内的人不靠鬼神，这就是入世的哲学。

（五）法家是最高领导者的生态

法家更是入世的，完全是体制内的。它思考的就是权力如何运用。不论是人民违法，还是大臣违法，国君都要惩罚，因为国君必须要稳固体制。体制的稳固，靠执法的严明，所以法治是体制、国家、公司存在最重要的先决条件。越危急的时候，尤其是遇到战争，军法比一般的民法更严格。因为在那个关键的时刻，不能容许任何人犯任何错误，否则就是全军覆没。春秋战国时期，战争打输的结果，是国君被杀、将军士兵被杀、老弱妇孺成为俘虏，国土、物资成为别人的财产，所以，战争是不能输的，若是没有严格的管理，就没有打赢战争的保证。

在这里，我最近常讲王阳明的例子。王阳明绝对是大儒，而且是近千年来除了朱熹，最具典范性的儒者，没有任何人会说王阳明不是儒者。但是，王阳明跟宁王对峙的时候，士兵往后退，一定会被处死，往前冲却不一定会死。这就跟法家关心的事情一样，战争的时候不听军法，就必须受死。王阳明惩治盗匪时，强盗头目的下场是什么？不服教化的话也是受死。当然，平常的时候要讲教化。王阳明讲学，整天讲《大学》，谈圣贤，一边教书一边打仗，但是指挥三军、惩治盗匪时，就用法家手段，严刑重罚是为了天下百姓的安定。所以，在特定的时刻，必须用严刑重罚的法。这是一个社会生态的问题，你碰到什么环境，就一定要用什么智慧。最儒家的王阳明，必须也是最法家的王阳明，才能够完成他的伟大事功。但我们要特别强调，法家就是为国家计，它是唯组织目的的体制哲学，所以法家哲学最符合现代企业的管理，企业管理中的责任管理、人事管理、资源管理跟法家的思路是一样的。薪水跟生产力是匹配的，等比例的。企业都是这样做的，没有什么情面可讲。法家在处理体制内部的稳定、外部的安危的时候，完全是这样处理的。法家是入世主义，是体制内的哲学，重视此在世界，至于它在世界，你爱怎么讲怎么讲，讲得天花乱坠，那是你的事情，但你不要违法就好，你违法，有鬼神保佑我也赐你一死。

（六）佛教是出离世间者的生态

佛教处理的问题是安顿人类对于生死的恐惧，安顿人对于亲人、先人过世以后的怀念。佛教的哲学处理的是人对生命的最后一个困惑，命运的困惑、死亡的困惑。它不是要处理你的荣华富贵，不是要处理你登峰造极，也不是要处理你赚大钱，而是处理生命最后的安顿。我们现在所知道的所有的怪力乱神，都在佛教的禁制行为之内，甚至禁制得更多。因为佛教重视的是彻悟生死，追求永恒的生命。所以佛教不以社会体制的成就作为生命的目标，而是以永恒世界的生命为追求目标，修行者可以在山林里面过简朴的生活，修行，提升境界，从而把这套智慧流传下去。所以佛教哲学目的是安定个别的人生，解除痛苦、困惑，是人们内心稳定的力量。因为他已经没有任何自我的念头，他做的都是没有自我目的的事情。

庄子做的事情不受社会体制羁绊，老子做的事情没有任何私利，儒家做的事情完全利他，但自己还要一个荣誉。庄子做的事情不受任何社会世俗的羁绊，但要自己的自由。老子做的事情，放下自己所有的利益就是要把事业做好。佛教呢？全部都放掉，没有要拿起的任何的东西，只让你开智慧，只让你免于自掘坟墓、自投罗网、自寻烦恼、自找死路。让你开窍，明白生命。以出世的心做入世的事，因此建立人间净土的意思，就是不用到山林里，我在哪里，就和哪里的群众和光同尘，一起生活。人们争夺名利，而我静如止水，永远让人们看到另外一种生命形态，不讲争权夺利，好名好利的事情都不会做，完全的退让，完全的给予。

三、文化建设中对各学派的利用

以上是中国哲学各学派理论的生态环境，以及它们所面临的问题、言说者的意识状态、言说者所处的社会阶层，这些说清楚了，各派的理论和特点就清晰了。今天，我们若要从社会管理的角度、从公共政策设定的角度，让这些优良的传统文化被体现，那么应该怎么来认知、处理和汲取其精华呢？中国自古以来就是文化大国，要谈作为文化大国的文化建设，首先要了解文化有很多的面向。谈中医，恢复起来就好，本来就很厉害。谈科技，要先跟西方学，反正梁漱溟已经讲过，就是西方好的统统拿过来，统统变成我们自己的，我们的科技就强大了。音乐、艺术、绘画、美术、文学这些方面，从东方文化角度看中国是登峰造极的，从西方文化角度看欧美也是登峰造极的。我今天要谈的文化建设的题材不是文学、艺术、医疗、科技，这些都是文化里面的项目，我要谈的是中国哲学各种学派，如何在今天恢复与发扬。从文化建设的角度上有三个面向：第一个人修养，第二政治思想，第三世界观。今天我们要恢复传统文化，可以从这三个向度谈我们的文化政策要面对的问题，谈这些学派各自在这些面向上的角色、功能、贡献。

（一）从个人修养上了解各学派的功能

首先从个人修养谈，非常有趣的是，在个人修养上，我们不太读得到墨家做了什么个人修养的理论建构。墨子当然非常厉害，墨家的领袖巨子每个人都有厉害的功夫，但那些功夫修养的知识没有流传下来。他们关心百姓，百姓的生活世界是要等待官府的照顾，国君要派好的官员，然后百姓就听你的话。如果你没有照顾我，我会希望鬼神惩罚你，把你推翻掉，所以墨家在个人修养上没有什么理论建树，因为人民生活的好坏，不在个人的修养，而是在国君的治理上。

儒家就不同了，儒家要每一个儒者都做修养，为了要服务社会，你一定要有公私义利之辨，需要格物致知，诚意正心，修身、齐家、治国、平天下，要慎独，要致良知，这些都是儒者的修养。唯有通过这些修养，才能够成为国家的栋梁。儒者个人修身的目的就是要治国，要照顾百姓。

庄子的哲学，有个人的修养，这个修养是不跟社会碰撞，不用社会世俗的眼光捆绑、束缚和贬抑自己，也就是把自己从社会体制中解放出来。有人说自己是一个乐天派，是一个自由主义者，喜欢山林野居的生活，但名利一来马上跑回来，那就是假的。庄子是真的能够放下名利，清心寡欲，过他自由自在的生活。这样的生活为什么能够安定人心呢？关键就在，这样的人物都是有个人的天分在，他们可以追求一个人的天下。若是没有这种特殊的天分，当老百姓就好，生活过好就好。庄子能够这么坚定走他自己的人生道路，是因为他有天分，有特殊的才华，他的能力的门槛是很高的，他可能是世界围棋赛的顶尖高手；他可能歌唱能力非常好，海豚音飙得很高；他可能画画画得非常好，他是天才型画家；或者他练武，是个武功的奇才，他浑身有各种的武功。这里面有好多的知识，好多的理论，他可以写下来，可以教别人。别人练不出来，他能够练得出来。那么他当然要珍惜这个特殊的天分，所以他是有个人高超的技巧、能力的，因此他在价值观上要忘仁义、忘礼乐、外天下以追求自己才华的显现。面对庄子类型的人物，我们要让他们生活富裕，不要让他们担心生活，把他们的才华飙到最高就好，他们就是活的文化遗产，不是死的文化遗产。

从个人修养的角度，儒家要修养，修养公私义利之辨。老子要修养，公私义利为前提之下还要舍得名，舍得利。“太上，不知有之；其次，亲而誉之”，老子看清楚，儒者太重视自己的荣誉，他要放掉这些东西才能够和光同尘，才能够与权臣、小人共伍，才能够让皇帝既重用你又不担心你，你因此才可以施展你的抱负，然后天下百姓就能够被你照顾。天下百姓被照顾，和你成为英雄相比哪一个重要？“名与身孰亲？身与货孰多？得与亡孰病？”老子对此看得更透一些，名不重要，百姓的利益才是重要的。“绝圣弃智，民利百倍；绝仁弃义，民复孝慈。”“民利百倍”和“民复孝慈”这两句话，跟孔子的立场一模一样。这就是一个最地道、标准、深刻的儒者，他知道人性好名、好利、好胜的负面心理，懂得直接处理，所以“理直气和”、“义正辞缓”，这样才能够成就事情。成功立业者多虚圆之士，愤世失机者多执傲之人。所以，老子哲学的修养论是高级的武功，学会了老子的心法和老子的武功可以做儒家的大官，不计较个人得失，只要把事情做好，谦虚，让利，委曲求全，就是这个思路。

法家对于官员的修养没有什么要求，只要把事情办好了就行，办成了赏，办不成罚。你有没有道德不重要，你有功能才重要，所以官员在法家思想里就是工具。但儒者的想法不一样，他固然是官员，但绝不是工具，他自己就是目的，所以国君你不尊重我，我的意见你不能执行，我就要辞官，因为我是目的而不是工具。法家则把官员当工具，道德理想不重要，重要的是国家的富强，其实这个目的跟儒家的理想也是一致的，只要这个目的能达到，官员就能升官受重用，其他的东西不重要，个人信不信鬼神也不重要。所以法家对官员和百姓而言，谈不上有修养功夫的要求，只有完成任务的能力的要求，以及守法的要求。然而，做君王就不一样了，你不能有私欲，要意志坚定地执行赏罚，所以做君王不容易，要有坚毅的性格才行。韩非说作为平庸之人，只要能赏罚就能够把国家治理好，笔者认为，那是不可能的，能赏罚就能够治理国家这没有问题，但平庸之人是无法行赏罚的，因为平庸之人充满欲望，小人伺候你，就有机会掌你的大权。平庸之人对事情没有判断能力，能力不足，所以就会让权臣替你办事，但你什么事情都让旁边的人帮你，你就更加无能，更加依赖别人了。

国君要有能力，政策是你在决定，不是人家替你决定，否则你的权力就没有了。赏罚要自己决断并施发，若是赏罚也让人家替你执行，那么谁替你赏，被赏的人感谢替你赏的人；谁替你罚，被罚的人害怕的是替你罚的人，你的权力就没了。人在第四爻、第五爻的高层，对于权力的掌握，要非常明白，否则权力就会被架空。所以对法家而言，要训练的就是一个人，这个人就是那个国君。国君是要有修养的，要有工夫的。这个工夫，法家没有讲清楚。笔者以为，一个天纵之大才，如果具备儒家服务的人生观，又达到老子的无为修养境界，甚至还有庄子能放下而不硬碰硬的智慧，一旦有特殊的机缘，为了天下人的幸福，站上了高位，再加上法家杀伐决断的意志，这样的人担任君王，绝对能开创盛世太平，创造伟大的时代。因为“天下安危系于一人之身”，有这样英明的君王出现，所有优秀的人才都会被他发掘，这些优秀的人才会投到他的帐下，并把所有领域的建设都做到最好。

佛教在修养论上，则更多更深刻。然而，从公共政策和文化建设的角度，国家对一个人的修养，没有要求到那个境界。佛教需要的修养，国家不需要提供，真正的佛教徒是自我具足的。人们若有困苦、恐惧和担心害怕，佛教可以安慰他的心灵。在中国古代，就算国君也会有恐惧的时候，这时候也只有得道高僧才能安顿他。国君若是失去国家、失去性命、失去百姓，碰到这样的境况，从世间法的角度，人们只会责骂他了，但是佛教在永恒生命的关照下，还是有可以安顿人心的作用。

（二）从政治思想看各学派的立场

第二个角度，从政治思想来看各个学派时，墨家有政治思想，这个政治思想就是对国君讲的，你的权威符合天神的意志的话，你的政权就会受保护，天志就是好善恶不义，你没有符合上天的意志，你的政权就会被夺走，这就是墨家的政治立场。墨家也永远主张老百姓要听国君的话，即尚同。只不过他希望国君要好好照顾他，所以要“尚贤”。“尚贤”是墨家看得很清楚的观念，有了贤人，官位要给他，薪水要高，并且给予实权，这个官员就会好好地帮你做事，百姓就会受到照顾。如果国君委任的官员不称职，社会就会动荡，人民只好自保。墨家也是有公共政策的，但你不能真的拿来用，因为这是小民的视野。薄葬、节用、非礼和非乐等，不能全都用，要适当调整一下。因为典礼还是很重要，礼节还是很重要，仪式还是很重要。国家富裕了以后，音乐会、晚会也是很重要的，重大的节庆，开国的典礼，重要的纪念日，都要好好举办一下。这些仪式为什么重要？因为要凝聚人心，申明价值，坚定方向。老百姓不想这些事情，因此他会有这类的政策意见，但政治管理阶层就需要做这些事情，所以这些意见几乎都跟儒家正面交锋了。

儒家为什么会主张这些呢？礼乐教化、人文化成、“礼仪三百，威仪三千”，因为儒家就是讲秩序的哲学，“赐也，尔爱其羊，我爱其礼”，你爱羊我可以不表示意见，但国家不能没有秩序。儒家要稳定社会，因此儒家的政治思想其实就是最好的政治思想，儒家的政治思想是真正的政治思想，他处理国家存在的目的、君王角色扮演的原则、官员自我要求的原则，这几点，就是政治哲学必须要谈的问题。法家谈的是最高领袖领导统御的问题，它是政治哲学当中的一个环节，但不是政治哲学的全部。国家存在的目的是照顾百姓，国君行仁政、爱百姓，官员要求自己为百姓服务，整个政治哲学最重要的原理，儒家都讲出来，也讲清楚，讲完整了。只是无能的人做君王，自己会被赶下来，所以法家补充了这一段，国君需要有哪些能力，这当然是政治哲学，但只是政治问题中的一个环节，集中在君王治国御下的技术，韩非都说法家是“有术之士”了。当然法家的治术涵盖面很广，法术势中涵盖法令政策、国防外交军事谋略等，然而，一些上层的价值性思考，还是儒家更为完备，因此儒家就是最完整的政治哲学，同时在个人的修养论上也讲得非常多。一个官员没有修养，是没有办法做好工作的。

在庄子的哲学中，他从来不发表公共政策的意见，庄子根本不关心社会体制的建设，他完全脱离于社会体制之外，专心地做他自己。如果有一天把权力交到他的手上，让他做帝王，那么他治理的原则只有一招，那就是放任自由。庄子大概认为每个人都像他一样，都是才华横溢的，不用国家来管，就能够达到最高境界。可以说，庄子哲学在政治问题上没有出路。虽然如此，庄子哲学中，因为有它在世界的神仙观，所以从个人生命来说还是有出路的。总之，庄子没有政治哲学，如果有的话，那就是放任式的政治，所以你不能真的拿来用。

老子有政治哲学，虽然没有特别强调国家存在的目的、国君的角色扮演、官员的应对进退之道，但这些儒家讲了，讲得清清楚楚。所以，儒家在这里是有制高点的，老子哲学和法家哲学都补充了一个重要侧面，老子重在讲如何领导，让官员及百姓愿意跟随自己，而法家重在讲如何驾驭臣下，让他们不能不听从自己。老子谈如何领导，这是第四爻的位阶，领导所有的人一起把国家治理好，前提就是先处理好自己的修养，“治身即治国”，这是河上公注解《老子》时发挥的观点，把我们自己的私利放掉，把修养弄好，我来掌握国家的大政时，所有的人都会听我的话。好的政策，大家一起推动，就能够富国利民。所以，在这个意义上，老子有“治身即治国”的个人修养进路的政治思想。老子的政治思想还是要“天下太平”、“民利百倍”，要让大家过好的生活，可以说仍然是充满了理想。

法家的政治思想就是一句话：“富国强兵。”换一句话讲，就是打仗不能够失败。仗一打输了，国君被杀，太太、小孩成为别人的俘虏，爸爸、妈妈死在荒郊野外，自己也死在战场上了，国土跟资源成为别人的财产。仗是不能打输的，这是硬碰硬的事情，所以要富国要强兵。但是，谈何容易？国君那么昏庸，又不能重用大臣，又不能严格惩罚，怎么可能富国强兵呢？所以法家找到最快的方法，就是把国君那个按钮给他安好，把国君那个大螺丝钉先拧紧，把高楼大厦的那个龙骨先弄结实，也就是告诉国君要怎么样做国君。你要是不懂得怎么做这个最重要位置的管理者，你这个体制就会松松垮垮，没有办法跟人家硬碰硬打仗，所以，法家完全就是以政治哲学为中心。法家谈法术势，谈得非常多。首先是势，势是君王才有的，所以法家就是君王哲学。知道这个势的可怕与威力，然后好好运用，运用就是法与术。法就是赏罚严明，术就多了，外交上一句话救了一个国家，一句话灭了一个国家，这类有趣的故事非常多。

西方神话里有木马屠城记，放一个木马在别的国家里，木马里面都是士兵。《韩非子》也有类似的故事，有一个小国，大国要攻打它，这个小国的路弯弯曲曲不好走，大国就决定铸一个大钟，一个大乐器，送给那个小国。那个小国的国君贪图这个财产，没有看过这么好这么贵重的礼物，准备接受。他得怎么办呢？自己开马路，以便运送大礼物。他的大臣告诉他不能够接受这个礼物，我们今天能够守得住，就是因为我们占据天险。说得好，说得对，可惜国君昏庸，贪求财物。当他把路修好，礼物收进来，敌国的部队从后面就进来了，国家就没了，这跟木马屠城记差不多。《韩非子》书中充满了这种外交上的智巧，这些是属于战争攻防的事情、外交应对中应该如何判断的原则，所以《韩非子》是讲治国应战的策略，而不是公共政策。这是术，杀伐决断、战争攻防、应对进退的术，这是法家丰富的政治思想面向。

佛教在政治哲学中的立场，简单讲就跟儒家的一样，希望有圣贤做帝王，但佛教真正追求的是彼岸永恒的世界，所以政治上就让儒家发挥好了。

从政治思想的角度，首先要用儒家的哲学，其次要听进去墨家的呼吁，庄子的想法不用去管，让他继续唱歌跳舞就好，但是老子的领导智慧和法家的统治技巧一定要会，中国的政治如果能把儒、墨、老、法的政治思想都使用起来，能不强大吗？

（三）从世界观看各学派在文化建设中的角色功能

从文化建设的角度，我们要谈第三个面向，就是世界观的问题。要讨论这几个学派，它们在世界观向度的内涵是什么？在恢复优良传统文化的文化建设当中，这一块很重要。

墨家讲天志、明鬼，有民间组织的特点。墨家虽然不存在了，但是两千年来的中国民间社会，却不断地有民间的组织，所以可以把墨家作为民间组织的特质来讨论，它们是要自己照顾自己，对抗不公义的政治，甚至还会成为推翻没落王朝的力量，这是它的角色逻辑。然而，就算公共政策好、福利政策好、百姓生活好的时候，社会还是会有民间团体，但人民的生活就不会那么依赖这些团体，因为百姓依靠国家就会得到良好的生活了，这时候宗教团体的重要性就下降了，对它在互助合作中的需求就下降了，民间团体转身为娱乐团体、学习团体，这是民间社团最好的出路，也是政治清明最好的写照。总之，人民还是会组织社团，但这个社团是一起去欧洲旅游三个星期，或是每天晚上去跳广场舞。

儒家要治理天下，所以“敬鬼神而远之”，否则，神棍跟你讲什么你就听什么，完全站在自己的私利而不顾社会的现实、公家的利益，这就不是治国之道了。儒者靠自己的专业知识治理国家，他可以不必在理论上否定鬼神的存在，但儒家本身不是一个宗教的形态，它是一个知识分子的社群，甚至不是一个团体。

庄子的哲学谈不上有宗教的体制，但是它有它在世界的神仙观。庄子的神仙观跟天师道教的鬼神观不一样，天师道教有鬼神。神仙道教不谈什么法术，他就是自己修炼成为神仙，有500年、5000年或50000年的寿命，这些事迹的真实性很难证实，但它的方向是这样的。庄子哲学是神仙道教的方向，这样的神仙观因为缺乏组织性，对世间没有兴趣，只顾自己超升成仙，可以说没有政治性。

老子的哲学被天师道教吸收，天师道教有宗教的教坛，有它在世界的鬼神，有神职人员，有道士执行禳灾祈福的工作。但是正式的道教教团，跟墨家的民间团体还是有一个重大差别，就是道教组织多半非常入世，因为他们关心人间的秩序，他们会直接跟社会体制结合。他们入世，接受社会体制，世界观里面有它在世界，他们所有的本事都希望为国家所用，为政治家所用，所以可以把他们当作一个入世的儒者，加上自认为具备的役使鬼神的能力。他们以入世的心态关心现实世界，他们的成就感建立在世间。他们也可能是非常有道德的修炼者，因为他们的价值观就是儒家的价值观，他们会期许自己是协助社会体制稳定的宗教力量。

宗教跟法家没有关系，宗教是法家公共政策上要管理的对象，如此而已。合法，就给你自由；违法，就管束你。

佛教跟其他所有的宗教在一个问题上的理论立场是不同的。所有的宗教都有最高神，而神为创造世界的主宰，人要听神的话，这就是一神论、有神论的宗教理论模型。佛教从来没有主张哪一个世界是哪一个神创造的，所有的世界，是众生共业所成，等于由大家共同创造。而每一个众生本来就是佛，佛教修行者追求的是进化成佛，自度度人，自觉觉人。所以，佛教这个形态的宗教，不是另外一种它在世界的威权神对人类的宰制，而是一种哲学。佛教认为，我就是我自己的宇宙的主人，万法唯识，诸法皆空，一切烦恼都来自我自己的执着。然后开始修行，在个人彻悟的当下那一刻，犹如孔子所说“朝闻道，夕死可矣”。

四、总结

最后，我们重新整理一下各家学派从文化建设的角度应该如何理解与运用。

墨家就是建立人民互助团体，而百姓是永远会建立团体的，现在大家在手机上玩社群，那就是一个团体。早期墨家的出现是补人民生活困苦下的不足，但就算今天社会富裕繁荣了，人民快乐了以后，还是要组成团体。就像在微信上发朋友圈，今天晚上去哪里吃好吃的意大利面，明天晚上去哪里听好听的音乐会一样，没有任何问题。所以政治越清明，百姓的社团就越不需要用鬼神来恐吓君王，也不需要捐钱资助哪一个需要帮助的人，因为大家都很有钱。社团就是带大家读书，带大家学习，带大家放轻松。然而这都是体制外的活动，是小老百姓的日常生活。从政府的角度看待人民组织的民间团体，应该要有这样的视野。

儒家呢，应该要全面恢复，所有的中国人，都应该学习儒家的哲学，它本来就在面对这个问题。两千年来，在东西文化的比较上，在人类的文明发展史上，儒学扮演的角色就是公民教育，是官员修养的哲学。所以，儒家应该在文化建设理念上全面地被拿起来。

庄子的哲学，就是休闲的哲学，它是个人天才的哲学，在个人工作室里发挥。社会富裕了，行业自由了，大家就纷纷创业，会有许多有趣的事业被提出来，这些事业多彩多姿，让我们的社会更有趣，生活更精彩，这些事情就是给我们带来愉快的。庄子就是给我们带来愉快的，天才就是给我们带来愉快的，他们发明创造的东西为我们的生活增添光彩，没有了不会怎么样，但有了就更加愉快。它就是路边开的那朵花，把我们生命装点得绚丽多彩，我们要让它多多开花，花开得越多表示社会越文明，表示大家心情越轻松、愉快，每天都像天使般快乐生活，所以我们要多让这种事情发生。同样的角度，如果我们的子弟不想走学科考试的路，要走自己个人成长的路，作为一个家长，根据庄子的启示，你可以允许自己的子弟走一条他自己独立创造的道路，说不定你培养了一个天才。

老子哲学不用教，聪明的人都理解，成功的人都是用这一套，世间没有不用这一套而能够成功的。做大生意的人，肯定是朋友很多，肯定是运用得最透彻最彻底的。所以，人没有社会经验则已，没有理想则已，一旦有理想又有社会经验，聪明的人都会直接理解老子哲学，也不用特别地推广。儿童的教育，不必涉及老子哲学，教小朋友的还得是儒家的东西，《弟子规》是非常好的启蒙教育教材。例如它讲拿重物要拿好，不要掉了，端水要端好，不要打翻了，进房间之前要敲门，一两百年前讲的这些话放到现在讲也一样有用。长辈要离开你，要看着他走了100多步远才可以离开，表示他身体健康，不会走路摔倒，这就是一个对他人的关怀，它讲的就是文明礼仪，这在任何时代都适用，所以我们应该让子弟们多了解这些东西，这些东西才是子弟的教要者才是公民的教育。

更厉害的君王，会懂得运用法家。你不懂得管人，不能够控制人，你就千万不要当主任，千万不要当队长，千万不要当领导。你没有那个性格，不能够惩罚人，你的团队怎么会法纪端正呢？做主管，首先要者儒家仁德的胸怀，要有服务的精神，然后有法家管理的坚定意志，儒法并用才能管理好团队。

第五章　从儒道对比谈庄子哲学的现代意义

一、前言

《庄子》书中充满了对孔子的批判与讽刺之语，然而在《论语》中，也有不少孔子对于一些隐士对他的批评的回应，可以说，历史上真正的孔子，早已回应了庄子的批判，那就是道之不行，我知之矣，然有义命在，故知其不可而为之。那么，庄子的出世哲学，还有成立的理由吗？或者说庄子就是孔子所认为的隐士以及不出仕的人物而已吗？笔者以为，《论语》中孔子所响应的仅是一些简单的挑战的意见，整部《庄子》的意旨，还有更深刻的意义在，因此亘古今跨中外，都有它存在的价值。那么，庄子哲学在现代社会上应如何运用呢？现代人还能将庄子的智慧运用于日常生活中吗？

本文之作，将首先以《论语》中孔子的回应，定位儒家的心态，再以庄子的立场，提出非孔的意见，然后深入庄子哲学的体系中，说出他的全福生命及理论的观照。消解了儒道之争后，回到现实，进入今日，思考一下在繁忙的都市生活中，人们如何汲取庄子的智慧，以润滑自己的人生。

二、《论语》中孔子对隐士的回应

隐士思想对儒家的挑战在孔子生平中就有多次，在他们的眼中，像孔子这样的人物，几乎是多余的，他们认为，孔子总是做一些不必要的事情。然而，孔子也以明确的价值立场予以回应，儒家立场既已表明，则道家仍有思想的出路吗？本节之作，首先讨论《论语》中的这些儒道之辩。

《论语·宪问》：

> 子路宿于石门。晨门曰："奚自？"子路曰："自孔氏。"曰："是知其不可而为之者与？"(14.38)

> 子击磬于卫。有荷蒉而过孔氏之门者，曰："有心哉，击磬乎！"既而曰："鄙哉，硁硁乎！莫己知也，斯己而已矣！'深则厉，浅则揭。'"子曰："果哉！末之难矣！"(14.39)

第一条说孔子"是知其不可而为之者"，第二条批评孔子不甘寂寞，可为则为、不可为则不为，何必抱怨呢？此条，孔子有所回应，如果要放弃对天下的责任，那有什么困难的，问题就是放不下天下的责任哩！

《论语·微子》：

> 楚狂接舆，歌而过孔子，曰："凤兮凤兮！何德之衰？往者不可谏，来者犹可追。已而！已而！今之从政者殆而！"孔子下，欲与之言。趋而辟之，不得与之言。(18.5)

这一条也是在说时代的隳坏，从政不易，不如暂时放弃，否则会有危险的。可惜孔子没有机会找到接舆谈话，估计孔子想说的，就是想讨论如何在不被暴君扼杀的前提下，追求理想的实现，而不是就直接放弃了。

《论语·微子》：

> 长沮桀溺耦而耕。孔子过之，使子路问津（渡河口）焉。长沮曰："夫执舆者为谁？"子路曰："为孔丘。"曰："是鲁孔丘与？"曰："是也。"曰："是知津矣！"问于桀溺，桀溺曰："子为谁？"曰："为仲由。"曰："是鲁孔丘之徒与？"对曰："然。"曰："滔滔者，天下皆是也，而谁以易之？且而与其从辟人之士也，岂若从辟世之士哉？"耰而不辍。子路行以告，夫子怃然曰："鸟兽不可与同群！吾非斯人之徒与而谁与？天下有道，丘不与易也。"(18.6)

孔子使子路问路，隐士长沮答也不答，讽刺地说，他应该自已知道吧。显然，孔子太有名了，他的博学人人皆知，但他的行径，隐士看不惯。另一位隐士桀溺，劝告子路，你的老师现在周游各地，就是找不到可以实现理想的可依托的国君，所以不断地避开不好的国君，其实整个时代都是如此，人间世根本不会有好的政治领袖，不如整个放弃吧。他的意思就是说，与其避人不如避世吧！孔子对此有所回应：大家都是关心天下的人物，我和隐士们心意是相通的，如果天下有道，我又何需如此汲汲皇皇呢？就是天下滔滔，才更需要入世救世呀。说到避世还是避人，其实孔子有所表态，《论语·宪问》：

> 子曰："贤者辟世，其次辟地，其次辟色，其次辟言。"(14.37)

也就是说，对于时代的滔滔，人物的暴慢，应对的技巧，孔子是知之甚深的。但是，再怎么避，最后还是责任放不下。仍是要有所付出、投入，找到服务的管道的，这就是儒者的态度，子路有一次做了很好的阐释，《论语·微子》：

> 子路从而后，遇丈人，以杖荷蓧，子路问曰："子见夫子乎？"丈人曰："四体不勤，五谷不分，孰为夫子！"植其杖而芸。子路拱而立。止子路宿，杀鸡为黍而食之，见其二子焉。明日，子路行以告。子曰："隐者也。"使子路反见之。至，则行矣。子路曰："不仕无义。长幼之节，不可废也；君臣之义，如之何其废之？欲洁其身，而乱大伦。君子之仕也，行其义也。道之不行，已知之矣！"(18.7)

子路向一位路上的老人家询问有没有看到他的老师，老人家对从政之士印象是"四体不勤，五谷不分"，没什么值得尊敬的，但仍然很有礼貌地招呼子路过夜，且要他两个孩子来问安。子路后来见到孔子，报告此事，孔子请子路再去致意，却见不到了。子路发表了评论，这一段评论，可以代表儒家对隐士批评的最完整响应。子路很推崇隐士不仕无义的作风，而且他们对于家庭伦理也是十分重视的，既然如此，难道君臣之义就可以放弃吗？为了自己不与不义者共事的节操，却忽视了必须承担天下的大节，这是不可以的。至于天下无道，君子不易施展抱负，这是儒者知道的，但没有关系，做该做的事情就好了。

从《论语》的角度来看，儒道之辩就是：天下无道，君子应该隐居还是知其不可而为之。就此而言，其实两者都不是最佳方案。儒者的选择当然是继续入世实践，道家隐士的选择就是退出官场，不信任政府，也不推崇从事政治改革的人。就此而言，儒家如果只是知其不可而为之，则也不算是好的出路，儒家应该另求更好的出路。现实上的天下无道，似乎不论世道如何，都是一样的，战乱时期不论，承平时期一样是小人斗君子。怎么办？儒家史上高级的典范有两种：一从现实的作为上说，如王阳明投身风暴中，自身承受极大的痛苦，天下却依然如故，未能毕其功于一役。一从理论的建构上说，许多儒者钻入学术中建立理论发皇儒学，从理论的建构上说，笔者认为，两千年来儒学对于如何落实天下为公与德福一致的问题，仍未找到终极的解答，其所努力而有成的，仍是建构儒学天道论以至工夫境界论的内在一致性系统。至于在历史哲学上、政治哲学上如何保证天下不“滔滔”、理想必落实，则尚未成功，亦即理论上也没有建立起来。此事如何解决呢？依本书之立场，儒家学说不能只守在儒家的立场之中，而是要以儒家的道德意识为最大的公约数，然后吸收运用各家的精华，融会贯通，就可以解决以上的问题了。这一个立场，将持续在本书后面的专章中逐步豁显。

三、庄子哲学的理论体系

讲儒道之辩应该以庄子为道家代表。庄子才能在根本价值立场上与儒者一辩，如《论语》中诸位隐者之所言。笔者一向主张，孔老互补，但庄孔对立。那么，庄子部分，其与孔子的差异，只是隐者对“天下滔滔”的态度有所不同吗？若只是如此，则子路的响应已说明了儒者的立场，十分合理。若隐士仍不认同，则只能说儒者更有民胞物与的胸怀，而隐士不免较为自私了。笔者以为，道家庄子作为出世主义的哲学体系，绝不止于逃避社会责任而已，而是有更大的世界观视野，简言之，庄子有神仙存在的气化宇宙论的思想，人间不过是暂时的生命阶段。既然世人不明，君王暴虐，那就跟他们说再见吧。因为生命还有更好的出路，在神仙的世界中，生命更为完美，所以投身现实政治的改革理想，对庄子而言，确是无益之事。庄子哲学的体系可以概括为：实践哲学进路的气化宇宙论、实践哲学进路的逍遥自适的本体论、实践哲学进路的身心修炼的工夫论、实践哲学进路的不死不生的神仙境界、思辨哲学进路的存有论。

（一）实践哲学进路的气化宇宙论

庄子哲学是先秦哲学中第一个有体系的哲学系统，它有完整的宇宙论、本体论、工夫论、境界论。以下先谈他的宇宙论。宇宙论谈存在的问题，生死的问题就在此处落实。庄子的宇宙论谈万物的发生与生命的来去。于是借此建立了生死自适的价值观。宇宙论中会涉及造物者，对造物者特性的描写，则为思辨的存有论所谈的问题，本文另节处理。庄子宇宙论有以下特点：

1. 天地一气也。

2. 万物以气之聚散而有无。

3. 人的生死亦是气之聚散，聚而有生不必喜，散而入死不必悲，都是天地造化的流变而已。

4. 由气化宇宙论，而知生死只是一气的流变，以此破生死观，并得出生命的逍遥自适的价值智能，不必与社会世俗同。

5. 宇宙论中涉及神仙存在的思想，神仙由人修炼而成，这中间则是工夫论与境界论在谈的问题。

首先看庄子谈“死生若环”：

> 万物皆种也，以不同形相禅。始卒若环，莫得其伦，是谓天均。天均者，天倪也。(《庄子·寓言》)

> 生也死之徒，死也生之始，孰知其纪。人之生，气之聚也。聚则为生，散则为死。若死生为徒，吾又何患？故万物一也，是其所美者为神奇，其所恶者为臭腐。臭腐复化为神奇，神奇复化为臭腐。故曰：“通天下一气耳！”圣人故贵一。(《庄子·知北游》)

原来生死只是一气流变，因此现象世界种种事物的美丑好恶都是多余的感受，故而要同一化一切事物的价值，包括世俗社会地位，以及最重要的生命的来去，因为人本无生。

> 庄子妻死，惠子吊之，庄子则方箕踞鼓盆而歌。惠子曰："与人居，长子、老、身死，不哭，亦足矣，又鼓盆而歌，不亦甚乎！"庄子曰："不然。是其始死也，我独何能无慨然！察其死而本无生，非徒无生也而本无形，非徒无形也而本无气。杂乎芒芴之间，变而有气，气变而有形，形变而有生，今又变而之死，是相与为春秋冬夏四时行也。人且偃然寝于巨室，而我嗷嗷然随而哭之，自以为不通乎命，故止也。(《庄子·至乐》)

生命都是一气通流中的暂时性变化阶段，于是不必为死亡而悲伤，不必因出生而欢喜，生死是自然现象中再平凡不过的事件而已。于是庄子主张生死同体。

> 孔子曰："彼游方之外者也，而丘游方之内者也。外内不相及，而丘使女往吊之，丘则陋矣。彼方且与造物者为人，而游乎天地之一气，彼以生为附赘县疣，以死为决疣溃痈，夫若然者，又恶知死生先后之所在！假于异物，托于同体，忘其肝胆，遗其耳目，反复终始，不知端倪，芒然彷徨乎尘垢之外，逍遥乎无为之业。彼又恶能愦愦然为世俗之礼，以观众人之耳目哉！"(《庄子·大宗师》)

既然生死同体，则儒家的吊丧之哀戚便不再是适性自然的行为，它不过是神奇臭腐的不同变迁阶段而已。气化宇宙论让庄子破除生死的界线，同时也就破除了对死亡的恐惧，但是更进一步，那就要消弭人在世间的世俗地位之高下美丑的无谓矜持。以下进入价值意识的本体论的讨论。

（二）逍遥自适的本体论

本体论讨论终极价值意识，庄子本体论之对象为造物者的价值意识，以及人存有者的生命意义。至于造物者的存在特征，也是本体论的范畴，但是笔者仍将其置于存有论哲学处讨论之，这是近于西方形上学问题的领域。一般而言，以东方实践哲学的本体论称之可也，但以西方哲学的存有论称之，问题意识更准确。庄子的本体论有几个重点如下：

1. 造物者对天地万物没有任何刻意的计划，就天地万物的存在之价值意义而言，自然而已，没有目的性。

2. 人的生命就是在气的聚散之间的一段历程而已，物质上论之，是气本论的存有，此一气之聚散，没有任何目的性。

3. 人生天地间，是由造物者而来，故而认清此点之后，与造物者游才是最真实、自在、快乐的状态。所谓与造物者游，是接受造物安排的一切，切勿人为地去彰显个体的特殊性，更不能限制别人的生命。

4. 人生贵适性，生命就是逍遥、自适、无目的又巧妙的造化安排之结果，人应完全接受，追求自由自在，自得其乐。

5. 天道实有，无为无形。造化一切没有目的，只有自然而然而已。

6. 如果能进行身心的修炼，则能如神仙般与造物者游。

庄子的本体论首先对世俗世界是采取存而不论的态度的，因为现实世界的经营，没什么绝对的道理可言，而开天辟地的事情，更没有知识论述的可能。其言：

> 六合之外圣人存而不论，六合之内圣人论而不议，春秋经世先王之志，圣人议而不辩。故分也者有不分也，辩也者有不辩也。曰：何也？圣人怀之，众人辩之以相示也。故曰：辩也者有不见也。（《庄子·齐物论》）

至于这个世界的造物者，是有这么样的一个存有者，它创造世界，生成万物，泽及万世，却逍遥自适。如其言：

> 许由曰："噫！未可知也，我为汝言其大略。吾师乎！吾师乎！韲万物而不为义，泽及万世而不为仁，长于上古而不为老，覆载天地刻雕众形而不为巧，此所游已。"（《庄子·大宗师》）（道体）

> 故圣人将游于物之所不得遁而皆存，善妖善老，善始善终，人犹效之，又况万物之所系，而一化之所待乎！（《庄子·大宗师》）（道体）

与造物者游的生命，便是适性逍遥，不落凡俗，自在一生。

当然，更贴近造物者的生命便是神仙境界，这就需要一番身心锻炼的工夫了。

（三）身心修炼的工夫论

工夫论谈主体的修养或修炼的方法。修养主要是心理纯化，修炼则是身体锻炼。庄子工夫论谈成为神仙的修炼步骤：第一步为心理的修养，重点在化除世俗的牵绊与矜持，第二步为身体的修炼。重点在提升感官知觉的能力，终至不死不生的境界。庄子重要的工夫论有以下三种：心斋、坐忘、朝彻见独。

1. 心斋

> 回曰："敢问心斋？"仲尼曰："若一志，无听之以耳，而听之以心；无听之以心，而听之以气。听止于耳，心止于符。气也者，虚而待物者也。唯道集虚，虚者心斋也。"颜回曰："回之未始得使，实自回也；得使之也，未始有回也，可谓虚乎？"夫子曰："尽矣。"（《庄子·人间世》）

心斋是放下世俗的好恶感应，收摄心神于主体自己的身体感官知觉之内，以便调理身体的能量状态，差不多最终进入气功冥想的境界。这是先心理收敛，再身体修炼的工夫。

2. 坐忘

颜回曰："回益矣。"仲尼曰："何谓也?"曰："回忘仁义矣。"曰："可矣，犹未也。"他日复见曰："回益矣。"曰："何谓也?"曰："回忘礼乐矣。"曰："可矣，犹未也。"他日复见曰："回益矣。"曰："何谓也?"曰："回坐忘矣。"仲尼蹴然曰："何谓坐忘?"颜回曰："堕肢体、黜聪明，离形去知，同于大通，此谓坐忘。"仲尼曰："同则无好也，化则无常也，而果其贤乎！丘也请从而后也。"(《庄子·大宗师》)

坐忘的工夫，还是心理进路的忘仁义、忘礼乐为先，不如此，无法进入身体修炼的状态，之后，就展开身体进路的堕肢体、黜聪明、离形去知的修炼工夫，则能同于大通，终至与造化为一的同于大通的境界。此处之大通，似乎还是人间的至人、真人，下文的不死不生，就是超越人间的神人了。

3. 朝彻见独

吾犹守而告之。参日而后能外天下，已外天下矣，吾又守之，七日而后能外物，已外物矣，吾又守之，九日而后能外生，已外生矣，而后能朝彻，朝彻而后能见独，见独而后能无古今，无古今而后能入于不死不生。(《庄子·大宗师》)

首先，心理进路的修养是外天下，为先；身体进路的修炼是外生，为后。之后进入更高级的朝彻、见独、无古今、不死不生。无古今而不死不生已是神仙的境界了。

（四）不死不生的神仙境界论

境界论谈最理想完美的人格。庄子的哲学系统是以神仙为最理想完美的人格，神仙为不死不生、逍遥自在、游于天地间的存有者。其次为人间的圣王，人间以圣王为典范，让人民自由生活，绝不干预，亦不主导。再次为人间的自由人，人间的自由人，依气化生死，安时处顺而哀乐不能入，欣然接受。其言：

> 肩吾问于连叔曰："吾闻言于接舆，大而无当，往而不返。吾惊怖其言，犹河汉而无极也；大有径庭，不近人情焉。"连叔曰："其言谓何哉？"曰："藐姑射之山，有神人居焉。肌肤若冰雪，淖约若处子。不食五谷，吸风饮露。乘云气，御飞龙，而游乎四海之外。其神凝，使物不疵疠而年谷熟。吾以是狂而不信也。"连叔曰："然。瞽者无以与乎文章之观，聋者无以与乎钟鼓之声。岂唯形骸有聋盲哉？夫知亦有之。是其言也，犹时女也。之人也，之德也，将旁礴万物以为一，世蕲乎乱，孰弊弊焉以天下为事！之人也，物莫之伤，大浸稽天而不溺，大旱金石流土山焦而不热。是其尘垢秕糠，将犹陶铸尧舜者也，孰肯以物为事！"（《庄子·逍遥游》）

这一段文字最生动清楚地说出了神仙的存在状态，既然能乘云气御飞龙，则不可能愿意继续留在人间世俗世界去管理百姓了，于是超脱了儒家圣王的观念。生命的去路打开，与造化者游去也。又见：

> 子桑户孟子反子琴张三人相与为友曰：“孰能相与于无相与，相为于无相为，孰能登天游雾挠挑无极，相忘以生，无所终穷?”三人相视而笑，莫逆于心，遂相与友。（《庄子·大宗师》）

在尚未成为神仙之前，仍可在人间做一个逍遥自由之人，而放弃政治的理想，这就是出世主义的立场，关键就在还有神仙的向往。如下文：

> 天根游于殷阳，至蓼水之上，适遭无名人而问焉，曰：“请问为天下。”无名人曰：“去！汝鄙人也，何问之不豫也！予方将与造物者为人，厌则又乘夫莽眇之鸟，以出六极之外，而游无何有之乡，以处圹埌之野。汝又何帠以治天下感予之心为?”又复问。无名人曰：“汝游心于淡，合气于漠，顺物自然而无容私焉，而天下治矣。”（《庄子·应帝王》）

做神仙是多么的逍遥，至人真人圣人绝不为之，这就回答了庄子类型的道家人物可以不治天下的质问。如果天下滔滔，百姓困苦，如何逍遥自适。其实，苟活于乱世中，非不可能也，求全于天地造化之间做个神仙，更是可求可为之事。于是放弃整治天下的想望，不与世俗相刃相靡，退出社会体制，追求个人的最高神仙境界。若是有治理天下的需要，则提出非一般所知的人间的圣王意境，顺物自然无容私，便天下治矣，也就是不治之治，这绝非儒家的道德仁义圣治的路线。当然，庄子此说，从政治管理上说，会流于乌托邦主义，不可能成功，但这就表示，他对一切社会体制内政治人物的失望、批判以及否定的态度，这就符合他出世主义的立场了。

（五）思辨哲学进路的存有论

从西方形上学问题意识来说，对于最高存有的讨论，总是只能透过抽象思辨的方式去进行，其所得到的观点，可以与实践不直接相关，但仍是庄学的重要组成。笔者以为，它有以下几个要点：实有此道体，亦是造物者；道体无为无形；不死不生；不可名言；不可封限；不可模拟。

就实有此道体而言：

> 夫道，有情有信，无为无形，可传而不可受，可得而不可见，自本自根，未有天地，自古以固存，神鬼神帝，生天生地，在太极之先而不为高，在六极之下而不为深，先天地生而不为久，长于上古而不为老。（《庄子·大宗师》）

本文首先确定有此一道，然而界定它的特征，这就定位了最高存有的功能与角色，其内容主旨与一般创造者的界定是一致的。其中一较抽象的思考，则是以此道体为非物者，即其绝非现实世界的具体事物：

> 仲尼曰："已矣，未应矣！不以生生死，不以死死生。死生有待邪？皆有所一体。有先天地生者物邪？物物者非物，物出不得先物也，犹其有物也。犹其有物也，无已。圣人之爱人也，终无已者，亦乃取于是者也。"（《庄子·知北游》）

> 物而不物，故能物物，明乎物物者之非物也。（《庄子·在宥》）

作为总原理的道体，并非一般之事物，这也是抽象思辨下的结论，又，也应该是不死不生：

> 杀生者不死，生生者不生，其为物无不将也，无不迎也，无不毁也，无不成也，其名为撄宁。撄宁也者，撄而后成者也。（《庄子·大宗师》）

从思辨哲学进路的存有论来谈道体、谈造物者，则不死不生与非物都是重要的特征，同样的，不可封限、不可名言、不可模拟也是其重要特征，就不可封限言：

夫道未始有封，言未始有常，为是而有畛也。（《庄子·齐物论》）

古之人其知有所至矣，恶乎至？有以为未始有物者，至矣尽矣，不可以加矣。其次以为有物矣，而未始有封也。其次以为有封焉，而未始有是非也。是非之彰也，道之所以亏也，道之所以亏，爱之所以成。果且有成与亏乎哉？果且无成与亏乎哉？有成与亏，故昭氏之鼓琴也。无成与亏，故昭氏之不鼓琴也。（《庄子·齐物论》）

就不可名言说：

既已为一矣，且得有言乎？既已谓之一矣，且得无言乎？一与言为二，二与一为三，自此以往，巧历不能得，而况其凡乎？故自无适有以至于三，而况自有适有乎？无适焉，因是已。（《庄子·齐物论》）

就不可模拟说：

今且有言于此，不知其与是类乎？其与是不类乎？类与不类，相与为类。则与彼无以异矣。（《庄子·齐物论》）

以上的讨论，针对造物者，也针对道体，造物者从宇宙论说，讲存在始源，道体从存有论说，讲最高存有范畴的特征。

庄子这些说法是老子道论的体现与发挥，不过，指的是道体的存有地位的发挥，而不是道体的价值意识的本体论的发挥，在价值意识上，庄老是有所不同的。

四、庄子对孔子的批评

《庄子》书中的孔子角色多元，多处借孔丘之名讲述庄子思想，此非其菲薄孔子之言，然而，还是有若干地方就是对儒家孔子的直接批判，以下引两文说明：

> 孔子适楚，楚狂接舆游其门，曰："凤兮凤兮！何德之衰也。来世不可待，往世不可追也。天下有道，圣人成焉；天下无道，圣人生焉。方今之时，仅免刑焉。福轻乎羽，莫之知载；祸重乎地，莫之知避。已乎已乎！临人以德。殆乎殆乎！画地而趋。迷阳迷阳！无伤吾行。吾行却曲，无伤吾足。"山木自寇也，膏火自煎也，桂可食故伐之，漆可用故割之。人皆知有用之用，而莫知无用之用也。（《庄子·人间世》）

> 鲁有兀者叔山无趾，踵见仲尼。仲尼曰："子不谨，前既犯患若是矣。虽今来，何及矣！"无趾曰："吾唯不知务而轻用吾身，吾是以亡足。今吾来也，犹有尊足者存，吾是以务全之也。夫天无不覆，地无不载。吾以夫子为天地，安知夫子之犹若是也！"孔子曰："丘则陋矣。夫子胡不入乎，请讲以所闻。"无趾出，孔子曰："弟子勉之。夫无趾，

兀者也，犹务学以复补前行之恶，而况全德之人乎？”无趾语老聃曰：“孔丘之于至人，其未邪？彼何宾宾以学子为？彼且蕲以諔诡幻怪之名闻。不知至人之以是为己桎梏邪？”老聃曰：“胡不直使彼以死生为一条，以可不可为一贯者，解其桎梏，其可乎？”无趾曰：“天刑之，安可解！”（《庄子·德充符》）

《人间世》一文中，庄子对孔子的批评，就是《论语》中孔子所听到的隐士对他的批评，讲法都是一样的。《德充符》一文则以生动活泼的故事暴露了孔子的不足，结语谓为：“天刑之，安可解。”从庄子的角度看，这是孔子的自我束缚，遁天悖情而受其刑。然以孔子言，这是天职而非天刑，这就是孔庄之辩的焦点。笔者以为，如果定在儒家的世界观上说，则庄子为逃避责任，但以庄子的气化宇宙论以及神仙意境而言，庄学有去路，这就要看儒家是否能尊重庄子的世界观了。

五、庄子哲学与儒道关系的对比

以上简述了庄子哲学的体系，大致建构出可以与儒家对比的理论基础。以下便针对老庄与儒家的关系、老庄之异、孔庄之互斥与互用等项目稍做分析。

（一）老庄与儒家的关系

就道家而言，老庄有异，其中孔老可互补，这是因为，儒是积极正面价值，老是防范人性负面，两者同样是入世的哲学。

就儒学体系言，儒道互补是以仁义为本体，以无为为境界。在老学体系言，儒道互补是以无为为本体，以仁义为次德目。至于庄子及道教老学，则因有不同的宇宙论世界观，所以理论上不能讨论互补的议题。

从理论上说，理想的互补形式是具备着相同的世界观，而有价值命题的交流，使得各自的价值可以安立在对方的体系中，并且在现实生活中可以实践出来。如孔老之间即易于互补。但是，庄子对儒家充满了讥讽，理论上是互斥的，只是在此一互斥的基调上，仍需寻求互补为用的管道。亦即于应用上互补，而非于理论上互补。这是本文谈庄子哲学在现代社会的应用的目的，后文论之。

（二）老庄之异

道家不只一型，也许也不只两型三型，此处仅论老庄。老是入世，庄却是出世。老子以天下、国家、社会为理想智慧的舞台场域。庄子以天地、自然、人间为理想智慧的舞台场域。孔老互补，庄孔互斥。但庄孔间仍宜求其会通。例如，可以孔子为上班哲学，庄子为下班哲学，同一个人在上下班待人处事有不同态度，此即孔庄于用上的会通互补。

（三）孔庄之互斥与互用

孔庄之别世所周知，笔者以为，此即入世与出世之别，亦即肯定社会体制与否定社会体制之别、建设社会与隐于市朝之别。庄子对孔子充满了讽刺与批评，关键在对社会体制的虚伪不实之抗议，所以不以出仕为人生的理想。孔子对社会的堕落有深刻的体会，但以天下为己任的初心不能忘，故仍知其不可而为之。庄子则有神仙意境以为去路，故而可以顺性自适而忘天下。然而，庄孔之间仍可有应用上的互补，笔者以为，就今日之社会实际而言，人在社会中的大戒，固已解消了其中的绝大部分，但对于仍在世间生活的众人而言，在以儒者的理想服务组织的前提下，以庄子的意境处理组织中非正式关系的情境，则是可以运用庄学的路径。亦即，在上班时间以儒家的态度服务，以老子的智慧管理，在下班的场合以庄子的意境与人互动。这样在运用上就有会通了。

六、庄子哲学在儒道对比下的要点与特色

本文主要目的在落实庄子哲学在现代社会的应用，借由前述的讨论，先将庄子哲学在儒道对比下的要点与特色标出，限于篇幅，仅标出纲要。

就要点言：

1. 社会责任感的修饰：放下理直气壮的工作态度，提出面对社会职责时应有之宛转的操作技巧。

2. 价值感的冲击：放下价值理想的崇高身段，以无用之大用提出超越社会标准的价值理想。

3. 严密理论的解构：认识观念的相对性、预设性及无穷推演性的实然，提出不作观念采取的态度。

4. 超越之道的认知：存在的形象是一气通流，理念的世界是道通为一，追求一个与造物者游的自适自在之境界。

5. 身心操作的工夫：将智能的解悟落实为心理的状态与身体的功能上，达到一个在人间的真人之境界，甚至超越人间进入神仙世界。

6. 持身形象的化除：将融通于自然的自我，展现在社会之中时，是一个无形象的状态。

就特色言：

1. 出世主义的哲学：非入世价值，不追求社会体制的价值。

2. 艺术家的胸怀：非政治家、教育家的胸怀，追求个人极致的技能。

3. 个人主义的态度：非群体集团性的目标，回归自我的需求。

4. 自由主义的精神：没有接受束缚而暂时委屈的立场。

5. 追求神仙的意境：不好人间的利乐，追求自己兴趣能力的充分发挥。

七、庄子哲学在现代社会的应用——代结论

虽然神仙是庄学的真正最高意境，但是在现实生活上，对所有人有用的人生智慧才是笔者要讨论的，这就是在经过了对儒家的反思与认同之后，撷取庄学精神的精华，提供给今天社会中人一些有用的人生智慧。以下，笔者从六项要点来说，即：看破社会体制的缺陷、建立自主逍遥的生活、成为休闲退休的哲学、解放公司领导的矜持、拆掉上下尊卑的面具、作为所有朋友的好友。

（一）认清社会体制的本质

是人都应该投身社会、推动改革，追求全人类的幸福，但是，人有达不达、运不运的不同状态。不达不运之时，庄子的社会观察就是安顿心灵最好的良药，那就是庄子的出世主义哲学。在庄子看来，建设社会体制本身并非人生追求的最高理想。社会体制应以不束缚大众为最佳方案，最高境界的管理层应让大家自由生活、追求福祉。

（二）建立自主逍遥的生活

1. 生命的意义，在追求自我的自适逍遥。每天都活得自在、快乐、适意！

2. 发挥生命的专长，以达到最高境界。不断追求自己的技能艺术的高点。

3. 发挥在艺术、科学、文学、健康、武功等领域的才能，追求个人的最高境界。

4. 若是政治家、教育家、宗教家，这就不是庄子的类型了。

5. 不以社会体制里的身份规划生活中的结构、程序及频率。

6. 在任何环境组织内，仍然保持自己独立自主性的生活基调。

（三）成为休闲退休的哲学

1. 上班时的态度

上班以维持生活所需为唯一目的。

一边上班一边发挥兴趣专长。

不为升迁加薪而压抑自己的兴趣及乐趣。

与同事上司部属保持友谊关系，没有上下阶层的心态。

带给周遭轻松自在的舒适感。

2. 休闲退休生活的特征

没有薪水的问题。

没有老板的概念。

没有社会的角色。

没有上班的生活。

自己决定生活的意义与内涵。

积极追求自己的兴趣。

每天生活都在寻找乐趣。

日子过得快乐逍遥。

3. 休闲退休哲学的用处

对自己的小用：休闲、游戏。

对自己的大用：写作、创造、修炼、修复。

对自己的最终大用：面对死亡、完成生命。

对别人的小用：陪伴、放松。

对别人的大用：家庭照顾、志工。

（四）解放公司领导的矜持

1. 基本观念：

首先认清人都有一死，死后只是一抔泥土。所以，工作赚钱不是人生的全部，职场上的角色只是人生的一部分。

人生要有超凡脱俗的意境，放得下名利才能达到。

重点在能欣赏种种的美丽，而不是只能看到富丽堂皇。

能享受单纯的快乐，而不是只追求肉欲的满足。

能与众人相处，而不是只跟有权势有财富者为友。

2. 具体做法：

认真安排休闲活动，让生活里有美学的事物发生，并开始建构退休后的生活环境。

开始喜爱并亲近公司机关里一些单纯可爱的职员属下。

学习微笑与单纯，重视身体健康，关心周围的朋友是否快乐。

（五）拆掉上下尊卑的面具

在所有的人际关系中拆掉上下尊卑的面具。

不需对上司有多余无谓的幻想，以为他会突然器重自己或给自己加薪。以平常人的平等态度与之相处，将可获得对方的敬意，从此对你刮目相看，认为你是独一无二的人物！

不再对属下保持在上位者的矜持，轻松自由地与之平等相处，将可得到下属的真心回报，以及让对方心情快乐，充满自信，认为你是智慧过人的领导！

对社会上所有与自己擦身而过的人都保持友善，无分尊卑贵贱与善恶美丑，你将获得全然不同的人际关系，以及看到前所未见的人性实景，生命将从此丰富百倍。

(六) 作为所有朋友的好友

与人相处不再依身份维系关系，一心爱护。

与人互动以关怀为唯一的出发，不论地位。

关心花草树木、鸟兽虫鱼以及路边的小动物。

可以立即与婴幼儿玩耍，把他们逗笑！

男女老少人人都与你亲善，当你是他们的朋友，从此没有性别长幼之界限。

后话：

你，就是天使啦！

当你还需要学习的时候，你还是得好好学习，这因此成为你的一种负担，使你不能像天使一样地自在。但你要学习的事情，一定是你真的喜欢，而且在这方面有兴趣、有潜能，一定要在这一部分上保持自己的自由性。

第六章　论道家道教对儒家的调适与上遂

本文将讨论儒家和道家道教的理论互动关系，文中将指出老子哲学、庄子哲学和道教哲学在互动的立场上与儒家的关系，企图借由理论意旨的厘清，将儒道关系界定清楚，以为弘扬中国文化、发挥儒商精神做出理论的框架。儒家是入世的哲学，以及经验现实世界的哲学，或曰世间法哲学、此在世界的哲学，儒家关心人文建设及国家体制，关心百姓的生活以及良好的国家政策，是中国文化的中流砥柱。而道家、道教则是从各种不同的面向对儒家产生调适与上遂之助。道家老子与庄子意旨不同，老子也是入世的哲学，人文性多于宗教性，与儒家形成相辅相成的效果。庄子便是出世的哲学、自由主义的哲学、个人主义的哲学，其间亦有神仙思想，对儒家的作用就在“不达”的环境中找到心灵的出路。道教既有出世间法的鬼神系统，却又十分入世地交涉人间。

一、先秦孔孟哲学中的理论特点与现实疏漏

儒学向来以中国文化主流自居，此亦不假，儒家作为文化主流的要点在于：维护社会体制以及个人修身养性的理想，而个人的修养以成为维护社会体制的官员或知识分子为目标。从国家的需要而言，这个理想是正确、必要且根本关键的，但是，就个人的生命与生活而言，人生还有许多面向，这时就有道家、道教的重要角色扮演了。这些面向以及需要是些什么呢？首先，维护社会体制，追求为社会服务的理想。理想的实现，就要有角色扮演，最简单明白地说，在做官的事情上，作为一个儒者，就会碰到应对进退的问题。对于这个问题，孔孟都有对策，关键就是懂得谦退之道，但是，能把谦退之道讲明白、讲透彻，是道家老子的智慧所长。其次，应对进退是一回事，有时候根本没官可做，这时候该怎么面对？这就有了道家庄子哲学的思想去处，追求个人意境的超升就好，不必一定在社会体制内寻找个人生命的出路。

此外，传统上，墨家非儒，认为儒家的礼乐教化是多余无用之事，应以百姓生活所需为重，墨家只站在平民身份发言，希冀君王尚贤，君王若尚贤，百姓必尚同，君王若不能尚贤甚至残害人民，则百姓明鬼以申告，诉诸天志以惩罚，于是有了宗教的涉入。宗教始终存在于传统中国的政治与人民的生活中，儒者如何面对呢？儒家自然是知识分子的社群，达则入仕为官，穷则独善其身、著书立说、兼善万世。一旦进入政府，掌管礼仪祭祀，则宗教与政治的关系必须和谐，这就又有了宗教的角

色扮演了，而中国的道教，可以说就是墨家宗教组织型态的不间断发展。因此，儒者在治国平天下的事务处置中，个人的修身齐家事业与群体的治国平天下事业，在在都需要道家、道教的在旁辅助。本文之作，即以道家老子、道家庄子、道教哲学三个脉络讨论道家、道教对儒家的调适与上遂。

二、儒者刚强的形象在角色扮演上的争议

历史上的儒者图像众多，先秦孔孟是个大图像，宋明朱王也是个大图像，依据儒者自己的标准，管仲是孔子心目中的仁者，虽然孟子对管仲批评不少。我们来看孔子对管仲的定位：

> 子贡曰："管仲非仁者与？桓公杀公子纠，不能死，又相之。"子曰："管仲相桓公，霸诸侯，一匡天下，民到于今受其赐；微管仲，吾其被发左衽矣！岂若匹夫匹妇之为谅也，自经于沟渎，而莫之知也。"（《论语·宪问》）

然而，历史上的孔子、孟子、朱熹、王阳明都不是管仲这般的图像，管仲掌一国之大权，侍奉了孟子口中的霸主齐桓公，子贡亦议论其不能死忠于先君子，这些都不是孔孟能做得到的，但孔子称许其仁，关键就是管仲真正照顾到了天下百姓。在齐桓公受其辅佐而称霸天下期间，确实诸侯国之间没有重大的战争，没有多少百姓因战争而死于沟洫。这就是孔子心目中最大的价值追求与事业成就。但是，这样的事功，是必须站在高位上才能做得到的，而孔孟的人生之中，虽都不是没有机会站上

类似那样的高位，却都自己辞官而去，没有持续这个角色。他们总希望能再遇明君，但都没有成功。唯一成功的是，立德与立言，留下了巨著，教导了弟子，延续了儒者的命脉，建立了儒者为官的典范理念。但是，这个理念是有些不足的，也就是说，孔孟究竟是要培养出像他们自己这样的刚强的君子，还是希望能有多一些人像管仲一般，真正地协助了君王，治理了国家，使百姓受到他的仁政的照顾？

我们来分析一下孔孟不能长久在高位为官的原因。孔子是因为鲁国主政者懈怠于政事，对孔子的礼数已经不够，又在三桓把持朝政下，事事受制于权臣。孔子的理想是“道之以德，齐之以礼”，让百姓受到教化，让朝廷施行礼乐。而鲁君竟放逸于女乐，孔子自感不受重视，不能施展抱负，因此辞官而去矣。孟子则是屡屡倡言高论，期许齐君以“行仁政、爱百姓、一统天下”为己任，然而，战国的齐王已非春秋的齐侯，后者的格局国力不能与前者相比。虽然孟子称许其地大人多，但齐王心中所想就是自己的享乐与对周边小国的侵略欺凌，孟子“望之不似人君”，也罢官而去了。

孔孟都是自己辞官，同样周游列国，同样失望而返，可以说，他们都有崇高理想，也都立论明确，只是，稍有昧于人性的现实，不解国君的品格，以致有了错误的期待。退而求其次，孔子只好期许他的弟子好好协助各国的君王施政，孟子也是期许各国的君子好好劝说君王行仁政、爱百姓。在朝为官仍是孔孟心系所重之大事，然而，他们自己扮演不了这样的角色。从历史的轨迹来看，孔孟的角色其实就是超越了做官的格局，而是儒家圣贤的角色，重点就是把儒家君子的形象清楚地建立起来，穷则独善其身，达则兼善天下，注重公私义利之辨。得志，入仕为官服务百姓；不得志，著书立说教育子弟。而教育子弟的目标，还是如何入仕为官。可以说，做官、效忠君王、服务百姓就是儒者永恒的标记。

既然如此，超越了这个格局的孔孟，固然为万世的儒者建立了价值的目标，但究其实，未建立在生活世界里的行为典范。笔者之意就是，孔子并未为他称许的管仲之徒建立清晰的价值信念，意即并未让儒门弟子清醒地认识到，如何成为管仲。管仲侍奉齐桓公，孔子却弃鲁定公而他去。孔子言："八佾舞于庭，是可忍也，孰不可忍也?"季氏不是鲁君，竟然僭用鲁君特有的八佾祭天子之礼，此事被孔子痛斥为不可忍也。同样，孔子对于鲁定公荒逸政事而亲近女乐之事也是不可忍也，结果就是自己辞官。然而，秦汉之后，儒者已无辞官他去的道路可走了，并无其他的国君可以想象了，若有，便是外邦四夷，那么，除了辞官，就是死赖在已有的职位上了。

孟子的去齐，还是一套治国理念的攻防辩论之事。许多人和孟子辩论应不应去齐，孟子的理由是国君不能真心实施我的政策，所以必须离职。孟子不是不以拥有高官之位为施展抱负的必要途径，只是他同时还要君王完全理解支持尊重他的理念以及他这个人的本身，就像子思受到鲁国国君的尊重一样。孟子的这些要求也不是不对，只是君王难教，如同庄子的譬喻："颜阖将傅卫灵公太子，而问于蘧伯玉曰：'有人于此，其德天杀。与之为无方，则危吾国；与之为有方，则危吾身。其知适足以知人之过，而不知其所以过。若然者，吾奈之何？’”对孟子而言，孟子不管这些储君或君王好不好伺候，孟子讲“君子有三乐，而王天下不与存焉”，讲“我得志弗为也”，讲“说大人则藐之”。孟子根本就没把君王看在眼里，而是要君王自己乖乖来找自己做宰相，君王不来就算了，要孟子去求君王那就不叫仲尼之徒了。这样的心态，如何做大官呢？

儒者不是一定要做高官，但要照顾百姓，在任何的时代背景下，照顾百姓都是高官该做的事情，更是政治家的职责所在。王阳明修炼道教工夫，却弃之不用，不就是因为关心天下百姓之故吗？那么，如何做官又做事？这件事情可以说就是千古以来的所有儒者需要面对的，孔孟不做大官而立德立言，历史上朱熹做小官一样立德立言，王阳明官是不小了，但是外臣，不是朝中大员，王阳明是真有事功的大儒，是真正弭平战乱剿灭盗匪而照顾了百姓的官员，但面对朝廷要员们的狡诈虚伪，也必须辞功避位求个自我保全。所以，儒者如何在朝为官，就是儒者的大哉问。

孔子说：“贤者辟世，其次辟地，其次辟色，其次辟言。”儒者为保清誉，可以一切皆避，但百姓安危呢？为了百姓必有不避之时，汉以后的儒生就都必须是如此了，只有被迫辞官、被害贬官、被辱丢官，若非如此，总是必须稳住阵脚，占好位子，以为百姓谋福利。孟子说儒者可以不为稻粱谋，若真为稻粱谋，而当理想不能实现时，孟子说：可以做个小官。反正把眼前的责任尽到就好，至于朝廷的言责，不在其位就算了，做个小官，这样至少可以养活一方水土一方人。但是，汉以后的儒生，当皇权浩荡，想做大官、想做小官、不想做官都是未必能如愿的。

三、道家给儒者的第一课：向庄子学习看破

儒者要经略天下，这没问题，但必须皇帝给你机会，必须政权给你机会，一旦有了机会，就别再像孔孟一样辞官他去，这时候就是老子的智慧擅场了。但在此之前，必须先看清形势，才能明白你也可能根本没有机会站上高位，有机会或没有机会和自己有没有道德能力是没有绝对关系的，它倒是和高位者的德行及能力有绝对的关系。因此一旦自己有了机会，就要好好把握这个机会。就算有机会，也不等于高位者人人都是有道德的，因此在这样的环境下，必须修养老子的智慧才能稳住自己的职位。

现在，先来谈谈体制的问题。这是庄子给予世人的重大领悟。

这世界究竟是个怎样的世界呢？有了人类、有了人群的组织、有了君王以统治群体的秩序以及分配管理种种资源，世人因此都生活在群体里了，然而，在中国古代，君王及上位的领导者族群总是紧握资源控制人民以供应自己的享乐。儒者不然，天生的仁德胸怀，关怀百姓，总希望为世人谋福利，在既定的社会体制之内，设法谋求百姓的福祉，但问题是，身份和机会是高位集团给的。至于谁是君王，如何成为高位，这是一个权力的谜题，儒者从未勘究之。儒者只是提出理想，甚至美化了

远古的君王以形成未来追求的典范，这就是孟子言于尧舜禹汤文武的圣王道统的理论。可以说，儒者一开始就是在既有社会体制的事实上去理想化以面对这个问题，简单地说，儒者的立场就是仁民爱物的君王才能成就他的帝位，如若不然，帝位迟早被推翻。

至于推翻的力量与机制，儒者没有定说，不过就是《尚书》之所云“天视自我民视，天听自我民听”，以及孟子之所云“闻诛一夫纣矣，未闻弑君也”。前者说明了有天志，天有福善祸淫的权威，此旨与墨家同，但儒者依然没有明确地说出天志赏罚的运转机制。可以说是借由天志的意志而赋予人民或其他诸侯推翻王朝的合理性依据吧。后者则是说明了君王之所以为君王，有其必要的角色职责，若是不然，不过是匹夫一个，人民得而推翻之。但孟子也没有明讲是什么身份的人，以什么方式，得以明确而有效果地推翻之。于是，在君王不能仁民爱物、利益百姓的时期，儒者能做什么？

孟子之言是在高位者宜劝诫君王，劝诫不成宜自己去职，这其实是没有办法的办法。若是宗室之臣，则可以撤换之并取而代之，这是较为积极的思路，但宗室之臣得其君位之后，多半一样荒淫，更何况，儒者还时常谴责“臣弑其君”的事件。又，孟子赞成齐国以吊民伐罪的理由惩罚燕王，变置之，代之以燕国其他的宗室君子以为新王，可惜齐国打败燕国之后却是霸占了人家的土地，导致诸侯要联合讨伐齐国。这样看来，谁可以为君？这件事情儒者还真是没有定见，舜似乎是百姓出身，禹也似乎是百姓出身，但汤和文武本身都已经是诸侯了。春秋战国各个国家领袖也早都是诸侯了，宗室也是诸侯，可以说多半还是诸侯替代诸侯。

总之必须等到汉高祖、明太祖这样的时代才是再度有人民可为君王，但那也都是武力征伐而来，天命的理论或许仍然可以再次套用，但是没有武力、没有战争何来推翻之、掌握之的结果呢？如果儒者成为武力集团的带头人，企图以武力推翻暴力政权，不论自己是宗室还是平民，战争攻伐的成功成为最最核心的目的性价值，这时，没有哪位以战争开国的君主脑中装的首先是儒者仁义治国的政策与理念，可以说全部都是法家所言之法术势的谋略了，因此，这些并不是儒者在做的事情。以汉为例，高祖得天下之后才有“汉家儒宗”叔孙通的舞台，秦末楚汉相争之际，是没有什么儒生的角色可说的。当然不能说在那个征战时代中的英雄豪杰心中没有仁民爱物的胸怀，但是能让他们运筹帷幄、决胜千里、勇冠三军、克敌制胜的聪慧，并不是儒者的东西呀！那么，关于国家的建立、朝代的更迭、开国的伟业，这些涉及根本上的政治权力取得的大事件，儒家的角色是什么呢？先天而言，以国家的存在目的在于照顾人民的生活作为推翻不适政权的攻伐理由；后天而言，一旦国家建立、政权稳固，以德治理想作为新君天命取得的合法性理由，进而进入官僚体制，协助历代君王治理国家。儒家在新朝建立之前之后有理论的角色，之后有官员的角色，但就是在这个过程中没有什么角色。

因此，谁为君王而胜出几乎不是儒者可以置喙的。事实如此，君王其事成功的关键，主要是法术势的胜出，因此究竟有多少道德仁义的义涵在呢？可以说，这几乎不是决胜关键。因此，儒者的角色就是事前的价值高举以为攻伐的合理性，以及事后的粉饰有理以为掌权的合法性。真正可以做的，就是待机受命而协助治理天下，若机之不得，亦无可奈何，因为自己不是政权拥有者。既然如此，掌权者是以什么心态治理国家，这件事情是不在儒者的控制范围之内的。天底下没有什么国家存在的道德必然性，纵然可以有假设性的天志受命之说，但是在具体的历史经验中，在个别的儒者生活世界中，就当下的处置而言，理想和现实总是脱钩的。简单地说，像孔孟两位老人家到处求一个看得上眼的君王以期望获得受命治国的想法，不是很切合实际。也就是说，政权和道德不是永恒并生的现实，开国君王如此，继位的君王更是如此。取得权力的关键是法术势，道德可以决定日后的发展以及掌权的时效，但就当下的取得权力而言，仁民爱物的儒者理念并非关键。既然如此，权力的掌握者并不必然等于道德的实践者，而追求福国利民的道德理想的儒者，究竟应该如何看待政治体制的存在以及政权拥有者的角色呢？

就此而言，孔子是知其不可而为之，见到隐者时，孔子还自诩为同道，只是不忍天下百姓而已，就如子路之所言：

> 不仕无义。长幼之节，不可废也；君臣之义，如之何其废之？欲洁其身，而乱大伦。君子之仕也，行其义也。道之不行，已知之矣！（《论语·微子》）

这段话中，君王必定不是重点，君子对天下百姓的仁义关怀才是重点，为了百姓的福祉，有机会做官就要去做官，也要给君王机会找自己来做官，而不是根本就逃掉了。但是，这段话中，对于施政的成功显然是悲观的，虽然悲观，当然总比不做的好。由此可知，道之不行，几乎是历史的常态。那么，或许可以追问的是：儒者心目中的道，是否本来就不是历史的常态，而只能说是儒者自己的理想了？笔者以为，确是如此。但是，历史的事实和理论的理想不必等同，这又是儒者可爱的地方了。既然不是历史的事实，那么对待的态度就必须要有现实的考虑了。而在现实世界中，怀抱淑世理想的儒者，面对不理想的社会与自己心中熊熊的理想心境，又当如何？我们看《论语》中怎么说：

> 阳货欲见孔子，孔子不见，归孔子豚。孔子时其亡也，而往拜之，遇诸途。谓孔子曰："来！予与尔言。"曰："怀其宝而迷其邦，可谓仁乎？"曰："不可。""好从事而亟失时，可谓知乎？"曰："不可。""日月逝矣，岁不我与。"孔子曰："诺。吾将仕矣。"（《论语·阳货》）

孔子跟孟子不同，孟子就从来没有跟别人讲话时被别人占过上风的，孟子去齐，自己知道在干什么，多少人次地被约谈讽刺批评，也被不少人劝请回齐，孟子都没有回头，但孔子接受劝请为官，由此可见，在以为可为之时，儒者还是必须出仕为官的。至于孟子，是看透了齐王的无心，不欲浪费时间在该国，故而毅然决然地离去。离去之时，还稍微慢慢地走，期望国君改变心意，只是最后还是没等到，就真的走了，这一走，任何人的劝说都失效了。上文中的孔子则不然，所面对的是阳货，阳货自己就是掌权者，面对掌权者的问话，不论是虚与委蛇还是确有其想，孔子点头认了，可见做官本就是儒者所愿意的，只是时机合不合宜而已，而孔子也确实在鲁定公时站上高位。因此要做官不是问题，问题是孔孟竟然有官做也会放弃。因此，政治与道德的分离实在是儒者永恒的课题，一旦政治不能实现道德理想的时候，儒者是不一定要去做官的。孔子去鲁、孟子去齐，就说明了面对政治不可为之时，儒者需有自己的去路。不过，若可为时呢？儒者就不会做隐士了。

做隐士是彻底对当前政治失望才走的路，这一点，儒者知之。但有机会作为时，儒者仍会站出来为官，只不过，所谓的机会并不是百分之百的道德正确，就如阳货欲孔子入仕，孔子本不欲与之为伍。孔子后来在鲁定公朝中为官，面对的也是权臣的凌夺，实际上三桓也是宗室，只是非嫡传之君王而已，本质上是宗室内的权力争夺。如果政权的取得与道德不直接等同，那么，君王之位的合法性、正当性何在？这其实也没有什么对错，关键还是法术势的运用致令孰人掌权而已。而三桓与鲁君同是文王子孙，孰人当家不过就是实力的倾轧而已，只是披上了宗法封建的合理性、正当性时，三桓当权变成了陪臣执国命，其实都是他们一家子父兄叔伯之争而已。

面对这样的处境，孔子用力于必也正名，直接等于替鲁君取回政权，但不也等于替自己获得政权吗？当一切的努力颇有斩获之时，正是显现孔子确实是有政治才能之时，齐人只用了女乐一招就让孔子去职，孔子这样的选择恰当吗？孔子不算是被炒鱿鱼，而是自己辞的官，孟子也是。在孔孟的心中，当权者简直就是演一场荒谬的闹剧，根本谈不上道德理想性，孔孟皆潇洒地去职，正显示他们不是为自己稻粱谋及资产争夺而为官的，这是真正的儒者本色。儒者心中只想百姓的福祉，政府本该为百姓做事，如若不能办到，儒者也不必留在政府里了。儒者固然欲为官从政，却不能一事无成而还恋栈官位，既然做官了，就要有所表现，只是如何衡定尚是有可为之时，还是毫无可为之时；是该坚忍图成之际，还是该挂冠求去之时。荒谬一如既往，伯夷、柳下惠却有不同的作风，孟子说："伯夷，圣之清者也；伊尹，圣之任者也；柳下惠，圣之和者也；孔子，圣之时者也。"孟子当然是要高举孔子的，实际上孔子事功不及伊尹，温和不及柳下惠，始终一致地清高不及伯夷、叔齐，孔子的特长在于话说得明白，因而建立了儒家哲学理论的最高典范。如果伯夷、叔齐是圣人，就说明了武王伐纣有道德上的瑕疵，柳下惠的和气，就是不管君王清明还是昏庸，伊尹是咸庆得主，但伊尹后来处理商汤子孙为君的事迹，真是惊险至极，只是最终还政于商，证明了他的儒者性格，而非权力之徒，但是，伊尹的角色又超越了孔孟为官时的地位，仍能舍权放下，真圣之任者也。但这也不断地说明了，国君者，真不是等于道德崇高者。这种理想与现实的落差，永远是儒者在面对的实情实事。

放下，离去，跟政权说再见，这就是道家庄子的智能模型。

孔子去鲁，孟子去齐，他们所看到的跟庄子所理解的是一致的，这就是各国的国君根本不是个仁民爱物的主公，甚至可能只是欺凌百姓、压迫人民的恶徒，政府与国家的组织有时正是国君伤人的工具。只不过儒者仍心存期待，并且相信历史上仍有圣君贤王，因而期望在有生之日得遇明君，可以说，眼前的事实尚且不能让他们完全失望，心中仍怀抱一丝希望，期望在别处获得理想的满足。但是眼前的事实对他们而言确实是失望的，而这个失望，正是庄子的永恒立场，也是《论语》中隐士们的立场。

就此而言，孔孟大儒，对于眼前不可为的政权，自己就没有采取效死坚守的做法，而是心中明白因而弃他而去，那个国度已不可为，拿起手中自己可以作为的事情去做就好了。就像王阳明，明朝的君王竟然要他把用了多少士兵百姓的鲜血性命换来的宁王放掉重来，这不是荒谬，什么是荒谬？朱洪武打下的江山，他的后人竟是这般的“猪头”，这样的国度能不毁灭算是万幸的了，对于这样的朝廷实在不必去中央朝廷担任大员了。政权高层的荒谬，这是庄子看到的真相，儒者看到了，却仍不放弃理想。不过，看破社会体制的问题，能使孔孟弃国他去，能使王阳明躲避入京不去领功。高层多由权臣把持，国君多是无能，这也正是朱熹之学被朝廷宣告为伪学的原因。

孔孟朱王，谁碰上了圣君贤王？一个也没有。因此他们都没有跻身高层做一个中央大员，可以说他们跟庄子也差不了多少，只是庄子是看破了就全部放下，孔孟朱王是看破了就找自己还可以独立自主做的事情去做。至于体制的问题，对于孔孟朱王而言都是眼前的事实，当然，孔孟朱王都没有就此放弃，因为人生还是有出路的，只是在当时的情况下看不到出路。王阳明事功再大也不过是帮助了百姓免于宁王叛变、盗匪抢夺之苦，对于朝廷，是没有改善能力的，说是任由它腐烂也不为过。对此，儒者几无可为之事，大明王朝不是王阳明建立的，鲁国不是孔子的，齐国不是孟子的，宋朝不是朱熹的，这些大儒却自觉地要去承担国家民族的政道与治道，真是一颗仁民爱物之心使然。但是自己既非权力型人物，也不愿像古来一般权臣那样把持朝政糜烂国君与国家，而是想要有所作为。最后的结果是孔孟朱王四人都成了圣贤，只是对于自己眼前的时代，他们的思想都没有施力的实效。可以说他们对国家的看法与庄子无异，只是那颗理想的心使得他们找到自己可以奉献的使命，但关于社会体制的问题，恐怕四位儒家圣贤所见是一致的。

此处笔者要申明的是，恰恰是这个与庄子一样的心态，才使得这四位儒者成就了儒家巨大身影的圣贤图像，差别只在庄子进入个人超升的思想创作的哲理世界，孔孟进入立德立言的圣贤世界，朱熹进入著书立说整理思想的哲学家世界，王阳明进入为百姓谋幸福的实战演练中。他们对于高层采取的都是一种放下的心态，一方面没有野心发动革命推翻前朝自立为王，另一方面却都在绝对究极圆满的高度上找到自己生命奉献的去向，从而成就了自己。

如果不在这个看破的视角，而是对这个政权心存希望，那么在更大的绝望之际，难保不会重演像屈原这样的悲壮结局。楚国该亡还是亡，自己的一死无所贡献于家国，只让世人徒呼遗憾而已了。虽然有《离骚》的文学之美，但毕竟非儒者的事功。从事功的角度而言，立功立言立德的孔孟朱王，成就仍是巨大的。

经由以上的讨论，笔者要提出一个观点，每个儒者的心中都要住着一个庄子，唯其有庄子看破世间的智慧，儒者承担天下的使命感才不至于将自己逼入绝境。理想是一回事，现实是一回事，儒者尽可提出理想定义国家国君大臣百姓，但在现实的差距的面对上，必须有荒谬至极、哑然失笑的距离感，唯其有此距离感，才能让孔子"知其不可而为之"。重点是"知其不可"，因此其所为乃仍有可为之事，而不是去触碰那些绝不可为之事，否则必是一事无成，也绝对不会在历史上留下立功立德立言的影响了。儒家与道家庄子的不同之处是，庄子把力气用在个人的才情超升上，是成就个人主义的哲学，而儒家仍是把精力用于淑世理想的追求上，因此依然是群体主义的哲学。但是，社会体制通常是极不理想的，这一点智者没有误判，孔孟老庄所见皆同，只是面对的态度、处置的方案不同，背后是个人价值选择的不同。如果这个社会体制的问题没有被勘破，多少悲剧便将发生，多少事功无从建立，这就是本节最重要的发现。

四、道家给儒家的第二课：向老子学习给而不取

在宋明儒者的著作中，老子哲学常是被批评的对象，然而《周易》卦爻辞的精蕴，隐含了孔老共同的价值。宋儒周敦颐

说："一为要，一者无欲也。"王阳明甚至还说："吾辈用功，只求日减，不求日增。减得一分人欲，便是复得一分天理，何等轻快洒脱，何等简易！"老子之言"损之又损以至于无为"，就是"日减"的意思，可以说，先秦孔老的思想本就可以互补，宋儒的作品里面也多得是老子哲学智慧的话头，只是俗儒不察，责人入老，互相攻击，如象山与朱熹有冲突时就互指为老。实际上老子哲学可以与孔子哲学互补，老子的智慧可以让秦汉之后的儒生在朝为官，而不必辞官他去，这就是笔者欲建立的观点。但是，这个立场的出现，必须先有看破社会体制的问题作为前提。老子智慧的特点在于：一切勿与人争，本分做事，一直给，最终成就事业而自己成为圣贤。这样的智慧态度，就是不与人争。做大官就是来做事的，不是来争权力、争荣誉、争资源的，是来给的而不是来要的。然而，多少做大官的人能进入这等的境界？更多的人是继续争继续抢，继续像小孩子要糖果一样争来争去，心中没有百姓，只有自己的利益。小人当道，体制黑暗之时，好不容易跻身高层的人争强好胜，有人能一日用心于治国吗，用心于仁民爱物吗？老子认识到，位居高层要想仁民爱物，就必须知道周遭嗜欲之徒的想法，那些人资源要争、权力要争、利益要争、荣誉要争，事情不想干，但功劳又怕别人抢走。

问题是，一旦社会体制内没有人做事，一旦体制因为没人做事不能有所改善，必然崩溃，到那个时候就变成要有人革命推翻体制了。无论是体制崩溃，还是战争，最终都是百姓受苦。为了不使百姓受苦，体制需要被维护，这就是儒者的心胸、儒者的信念。为体制服务，当功劳被抢走、荣誉被夺走之时，老子的无为智慧就派上用场了。放下私我之念，只需要想到社会大众的利益，“生而不有，为而不恃，长而不宰”。社会体制和道德不能直接等同，但是没有道德的社会是会崩解的，百姓的生活世界必须依赖道德信念的维系，所以高层必须有人主持百姓的日常生活，让道德信念成为维系社会的共识，务使社会不致失序崩坏。也就是说，必须靠高层官员来维护社会正义，但高层本身未必服膺正义是非，这样的话，在高层的儒者要争取平民百姓的生活福祉，这怎么可能呢？因此，首先就要看破体制的问题，这是庄子深知的事实，先建立这一步的了解，随后就是与“狼”共舞、虚与应对。高层的生态，往往是唯权力是问，唯利益是问，老子的智慧就是看破这一切，同时也看破自己的权力名誉，“后其身而身先，外其身而身存”，“不敢为天下先”，“弱者道之用”，一切的作为，都只是求一个天下人的公益而已，自己就不求什么了。这一点，也是孔孟与老子不同的地方，孟子是绝不委屈自己的，话语中没有一丝的退让，国君对自己无礼，就一定是弃他而去。

> 陈子曰：“古之君子，何如则仕？”孟子曰：“所就三，所去三。迎之致敬以有礼，言将行其言也，则就之；礼貌未衰，言弗行也，则去之。其次，虽未行其言也，迎之致敬以有礼，则就之；礼貌衰，则去之。其下，朝不食，夕不食，饥饿不能出门户；君闻之，曰：‘吾大者不能行其道，又不能从其言也，使饥饿于我土地，吾耻之。’周之，

亦可受也，免死而已矣。”（《孟子·告子下》）

国君必须重用我，一切言听计从，若不听从我的政策意见，又对我不礼貌，则一定是挂冠求去。但是，老子的态度则不如此，百姓不能没有人照顾，社会体制不能崩解以至于战乱，因此需要有人在各个岗位上挺住。但是如果人家来抢利益，你就通通要给，这就是以“无有入无间”。高层资源都被卡位光了，无间，但你一件也不要，无有，故而是以“无有入无间”，反而可以有所作为。你的功劳给君王，你的资源和权力与群臣共享，你的利益分给属下。百姓当然是什么也没有。但是没关系，因为你在做事，因为没有人会掣肘。你把所有看得见看不见的利益资源都给了周围的人，虽然他们是一群嗜欲之徒，但是他们会给你治国的机会，因为你什么利益都不要，你只是来做事的。因为你做事，你就创造了新的资源，这一部分才有百姓获得的份。至于原来就在高层的权力利益荣誉，你都留在高层，一件也没留给自己，这就是无我，这就是人家会给你机会的原因。这是老子的做法，因为政治的现场还是要有人进去操作的，孟子去国去仕，孔子亦然，他们两位成就了千秋万世的思想资源，成为哲学家。老子当然也是哲学家，但是老子的智慧让所有的儒者在官场上找到了生存之道。这个智慧就是看破高层的生态，想要在此生存，就要留下利益，一切看得见的利益都要送给别人，不断地做事而创造资源给社会百姓。老子说：

江海所以能为百谷王者，以其善下之，故能为百谷王。

> 是以圣人欲上民，必以言下之；欲先民，必以身后之。是以圣人处上而民不重，处前而民不害。是以天下乐推而不厌。以其不争，故天下莫能与之争。（《老子·第六十六章》）

老子这样的思维，就是一套给的哲学，要给之前，当然是自己充满了理想，欲上民、欲先民，想带领大家一起，走自己提出来的理想之路。你要先对大家好，先满足别人的欲望需求。每个人的需求被满足了，你的服务大家就都能接受了，而儒者在位子上的权势就稳固了，也再没有人能夺走你的职位，于是也就可以长期地在这个位子上为百姓服务了。因为总是满足周围上下所有人的要求欲望，使得人人乐于他在这个位子上，以至于他可以招集众人一起来为大家做大事。为什么既要为百姓创造资源，又要留各种利益给周围的人？这就是因为体制的问题造成的，没有体制中高位者的默许，国家的大事业是办不成的。孔孟朱完成的都只是个人性的立德立言，是哲学思想的创作以及个人人格典范的影响，并不是全国性的政策施行。王阳明的事业倒是有全国性的影响，但王阳明干的是苦差事，是外地征战的事业，不是朝中大员的角色。王阳明的武功若不是朝中有人硬要他做，他早就会被拉下马来。也就是说，朝中有人扮演了老子的角色，给了英雄儒者一个实际为人民百姓做大事业的机会。而这个朝中的大员，却没什么盛大的荣誉，只是给好的人才以好的机会，为百姓做好的事情而已。

人在高位，就要好好做事，为百姓做事，但是不能有功劳荣誉权力之心，因为周围的人会忌惮会忌妒，一旦遭人忌惮忌妒，位子就不保。儒者在高位，眼中容不下沙子，处事见不得小人，那就会时时与小人为敌。古人云："休与小人仇雠，小人自有对头。"你把力气放在与小人斗争上以后，你的正事就都办不成了，良好的政策，实际的实务，都需要正人君子去投入，因此不能把力气用在与小人斗争上头。要了解，体制有它的荒谬性，小人就是有机会站上高位，这不是圣贤的错。但是，对付小人不是儒者的使命，不让小人为恶以及拯救弱势百姓才是责任。不要让小人伤人就好，你不必去伤他，要把利益给他，他不扯后腿你的事业就有机会成功，他扯后腿掣肘，你的事业就不会顺利。要知道，事业成功才是唯一的目的。小人被惩罚以及你的功业被宣扬都不是什么重要的事情，这两件事情都比不上国家社会的重大政策被落实，都比不上你实实在在地为百姓做好事、大事、有用的事，就如王阳明弭平叛乱、收服盗匪。但不必因此在朝中站上大位，不必因此被君王大加奖赏，这两件事情，都是会有人忌妒的，反而会招惹灾难，因为朝中多小人。所以，要学老子的哲学，老子的哲学就是只要给就好了，自己是个创造者，创造资源给百姓，推动事业让大家得利。自己不要利益，而让大家都得到利益，这样的大官人人乐其在位，事业就可达成，连小人都会来赞颂，因为小人也有间接的贡献及功劳了。

对付小人及权臣是国君的事情，国君不对付小人最后就会被害死。国君不是一般人可以扮演的角色，只有人中之龙、人中之凤才能驾驭。才能一般的人训练未及就登上层峰之位，既不能遏止私欲，又不能控制臣下，则小人纷纷献媚取悦而掌握大权，权臣纷纷挟持蒙蔽而掌握大权。儒者一旦有机会站上这个平台，就必须看清局势，要不以法家严峻之威力扫荡奸邪，要不以老子虚圆之智慧肆应其间，但这都不是孔孟的最高智能类型。因此笔者主张，在这个意义下，儒者要向道家老子学习这样的智慧，既然已占高位，那就是要尽己一生之力让百姓过好日子，保住权位，多做实业。既然不忍百姓受苦，就要尽量创造资源给百姓，再把自己的私人资源给百姓。自己站在此位，还要照顾那些没有理想没有爱心又嗜欲熏心的权臣小人的利益，看得见的都给了，看不见的也将其台面化再给，天底下就没有人看你不顺眼了。有小人权臣也是因为君王自己的作为所致，成也君王，败也君王，天下安危往往系于一人之身。君王是什么样的等级，天下人就是什么样的生活格局，至于大臣，高位之臣，只能自己选择自己的角色人格，或为圣贤，或为贪官。只是因为君王的格局之故，而有好坏不同的命运而已，如同邵雍所讲的四六、三七比例。一旦君王格局不足，为圣贤者就只能走老子的路，要走孔孟之路就得丢大官，宋儒伊川、横渠都是如此，明道多半在基层做小官，有一段不长的时日在朝中，其实也已经呈现了老子式的作风，如其言：“学者今日无可添，唯有可减，减尽，便无事。”减就是减欲望，这就是老式智慧。

当然不能说这种无欲减损就只能是老子而不能是儒者的智慧，这确实可以是儒者的智慧，儒者确实是需要这样的智慧，只是将这种智能形态的理论发挥到最极致，又标举到最高的就是老子。至于这种智慧对于儒者而言，却不是最初的目标，儒者要成就家国天下，也要成就自己，孔子言："邦无道，富且贵焉耻也。"但这是春秋战国时代，此邦无道或有他邦可去，秦汉之后，邦多无道，表现为国君无能贪婪而朝纲不正，因此，正直之臣多在无道之邦中。若是人人弃职他去，朝中便无人了，则体制的崩解更快速，因此必须要有做实事的人。而要做实事，必须有权有位，这就是与小人权臣共处才会得到的，如果事事争个是非荣辱，便无法待在此位了。儒者既要争天下也要争荣誉，老子式的智慧则是只争天下而不争任何私利，连荣誉也不争，"夫唯不争，故天下莫能与之争"。儒者固然要做大事，但都不免在过程中碰到道德上的是非对错，一旦在此坚持，事情就耽搁了。当然，这时就要分辨个大事小事，得天下未必是大事，实务实业才是大事，百姓有饭吃、有路走、有衣穿、有车坐才是大事，为此，必须团结人力，实事实干，创造资源，才能成事。成事之时，任何人都来分享功劳利益也没关系，下次有大事可干时能继续干才是重要的。抱持这样的态度，则"天下莫能与之争"。

说到争，争的是什么？争的没有不是私利的，名誉也是私利，莫怪乎《庄子·人间世》曰"德荡乎名，知（智）出乎争"。荣誉重要，但百姓的福祉更重要，得不到荣誉或被毁坏荣誉都不重要，重要的是事情办成了。"放得功名富贵之心下，便可脱凡；放得道德仁义之心下，才可入圣。"《菜根谭》的这种智慧就是老子式的智慧，真要为百姓着想，这是必需的态度。不争千秋而争一时，不是自己的一时，而是百姓的一时，百姓就是日日生活中的平民，为了日日的生活，朝中大员必须有正确的政策和事业，为了利益百姓，协调各种资源人力而圆满此事。要照顾的方面太多了，自己反而是最不需要被照顾的，这就是“损之又损，以至于无为，无为而无不为”的老子智慧。儒者争千秋，老子争一时，都是为百姓，千秋的事业孔孟已经做够了，百姓的生活就需要各个时代的儒者在日日的生活中为其奔走了。争一时就好，无我，无为，就能掌握当下的资源，做出事业，创造资源，成为名副其实的圣贤。

总而言之，孔老的智慧本来就是互补的，儒家谈服务的精神，重承担，老子谈处世的技巧，重谦退，在时机可为之时，站上高位，依然要谦虚让利与人，这是老子的智慧对儒家的调适。在时机不可为之时，或是舍官他去，或是忍辱潜藏，前者是庄子的智慧，后者是老子的智慧，都是对儒家的调适与上遂。

五、道家给儒家的第三课：敬畏神明

鬼神进入中国文化的天空是一个古老悠远的事实，远的不说，就春秋战国时期而言，墨家就是鬼神信仰的代表性团体，而他们的视角真正是底层百姓的视角，节用、薄葬、非乐、非攻、兼爱等皆是，他们为保住生活也主张尚同，但为自己日子好过更希望尚贤，如果君王做不到，就百姓而言，那就只有依靠天志了。究其实就是明鬼，也就是有鬼神，作为平民百姓的墨家，除了依靠鬼神的制裁以外，没有任何其他的管道可以帮助自己不受暴君权臣的欺凌。至于鬼神是谁，似乎不是关键。确实，中国历朝历代的民间团体，曾经有许许多多有鬼神信仰的组织，鬼神不断更换，几乎没有固定，这也和中国民间信仰是多神形态似乎直接关联。无论如何，只要属民间的团体，有信仰信念的是多数。民间团体和社会体制最大的不同，就是社会体制是社会国家的正式编制的组织，亦即政府的层级，而民间团体中的领导者，在政府的层级里面没有地位。

儒者就不然，儒者就是要入仕为官的，所以有任何想法就在官僚体系里面解决。墨家相反，一个民间团体，对政府有任何想法，只能诉诸祈祷，诉诸人民的心声，而不像儒者，自己直接就是官员可以面对处理。作为儒者，如果有对政策的意见，就该在正式场合上表达出来，对政策意见的提出，建立在自己的专业素养之上，绝不需要问告鬼神。若是何种政策较好这种事情也要问告鬼神，这就不是儒生知识分子了，这只能是无能的人了。也正是因此，孔子说：“未知生，焉知死?”“未能事人，焉能事鬼?”“敬鬼神而远之。”这些话语的意思，都是说人要靠自己，不要靠鬼神。但是，话这么说，也并不等于否定了鬼神的存在。关于鬼神存在的问题，宋儒开始做在理论上否定鬼神存在的努力，这就是张载的“鬼神者二气之良能也”之说的意思所在，也就是说要以概念定义的方式涂抹掉鬼神概念的存在义涵，而谓之为只是阴阳二气的别名而已。朱熹继承这条思路，但说的是魂魄二气，魂者人死轻清上扬，魄者人死重浊下降，也就是鬼魂和尸体。尸体会坏散，鬼魂也是暂时的。朱熹此说，固然不让鬼魂有其永恒存在的地位，却也让鬼魂有了暂时存在的宇宙论地位。这就让我们再次反思孔子所说的“敬鬼神而远之”，究竟何义?

笔者以为：首先，并未否定鬼神的存在。其次，国家大事要靠专业知识。掌握住这两条，笔者以为，儒者对待鬼神的态度要有更深入的思考。鬼神是一远古的信仰，古今中外皆有宗教团体与鬼神信仰，宗教与鬼神在一件事情上是人类绝对会探究的课题，那就是人类自身的生死问题，人类不问生死问题则已，只要探问，必然涉及鬼神及宗教。为何是宗教？因为对于主张人有死后生命的人而言，他们的主张并没有在经验上可以被简易直截证明的方式，因此只能说是相信，因为态度是理性的，因此称之为信仰。对于这种不能实证的知识，以及连带而来的活动，政府的态度在历朝历代中都有不同，但是归根结底，儒家的立场才是关键。因为儒家是官僚体系的价值意识，儒者只能敬鬼神而远之，要是事事问告鬼神，那么知识分子的治国专业就不必要了，官员成了废物，且鬼神意旨难明，朝廷议事还有个争执的机会，鬼神的宣告就是一翻两瞪眼，听或不听都不是很理性的态度。关键就是，一定要分辨清楚什么是可以问告鬼神之事，什么是不宜问告鬼神之事。

远古先人之所以需要问告鬼神，就是因为知识不足导致计虑不周全，但是，人类不断地累积了历史与科技的知识，愈来愈多的事情就在人类的理性客观知识的范围之内了。面对这些事情，自然是依靠客观知识、专业知识以决断。若是尚有未知的领域，涉及国家大事，还是谨慎为好；若是个人利害之事，不妨问告鬼神，古人占筮就是如此。然而，问告是一回事，祭祀又是另一回事，不论是祭天祭地祭山川社稷之神还是祭祖都是祭，子曰："祭如在，祭神如神在。"论及祭祀，孔子没有不赞成的，这是尊重与虔诚。论及问告，孔子亦非不为，只是不是事事为之，若是事事为之就是迷信了，就是自己不够专业了，若就有所不知、计虑不足的事情虔诚焚香以问之，孔子是不会反对的。只是历史上的儒者，多半仍然是以自己的专业知识提出政策的计虑，而不是借由鬼神之问告而告知作为的去向。荀子说："雩而雨，何也？曰：无何也，犹不雩而雨也。日月食而救之，天旱而雩，卜筮然后决大事，非以为得求也，以文之也。故君子以为文，而百姓以为神。以为文则吉，以为神则凶也。"摆明了并不相信问告之事的。其实，只要细为厘清，就可以分辨何者该问、何者不该问。但更重要的是，有鬼神存在是一回事，祭祀就行了，只祭祀而不问告就是一种理性的态度，就此而言，当然不必否定鬼神的存在，朱熹就是如此。但是，一旦要问告，个人私事问之无妨，国家大事就要谨慎为之，还是要以更多的专业知识来选择并决定为好。"只祭祀而不问告"就像"神道设教"一样，只是表达虔诚而已，并没有侥幸投机的心理。如《易传》言："观天之神道，而四时不忒。圣人以神道设教，而天下服矣。"

既然鬼神的存在不易证明，也不能简单地否定，"敬鬼神而远之"确实是个理性的态度，尤其是针对国家大事而言，祭祀是一定虔诚的，但问告就不必了。你礼敬鬼神，鬼神有知，自然庇佑你。如果没有鬼神，也不会有什么坏处。中国的道教、儒家有一致的价值信念，唯一不同的是，道教明确地申明鬼神的存在，从而有祭祀等活动。

总之，中国的道教，在与儒家有完全一样的价值信念的前提下，增加了它在世界存有者的信仰，作为儒者，尊重之祭祀之即可，事事问告求助鬼神就不明智了。这不是鬼神的存在是否可信的问题，而是问告与求助的动作都充满了太多的变量与危险性，不如专心依靠自己的专业知识。因此不必去多做什么，这就是儒者与道教团体之间最好的相处方式。

六、结论

本文之作，站在儒家的立场，讨论道家、道教的思想和儒学的互动关系，主张庄子与老子所看到的官场图像，都应该是儒者自我修养以调适上遂时必要的视角，儒者不可因为理想崇高就变得天真无知，社会体制固然是必要存在的架构，但它在许多的历史时机中是荒谬的。看破体制的问题，不可为之时还是要把命留给自己，不做无谓的牺牲，一旦有可为之时，要懂得让利，才能让自己稳住高位，为百姓谋福。儒者为官就是为百姓谋福的，孔孟去国是因为时代许可，也是因为他们是超越官员角色的哲人，秦汉以后的儒者，则要么效法庄子，自在民间，做些独善其身的事情，要么效法老子，逐步跻身高层，永远不强出头，保住自己以照顾人民。如果儒者改变心态，想要抢夺大位，那就是变成权力型人物，这时就需要使用法家的智谋，法术势兼用，但是，如此则不是儒者了。尽管如此，但这也并不是不可以有的选择。至于鬼神，经验上难以验证，理论上也难以证伪。敬鬼神而远之是最好的态度，只做祭祀，不问告不求助，鬼神自然福佑善人，这样就可以了。以上，借由老庄及道教的基本信念，辅助了儒家的基本作为，使得儒者的进退应对，有了更为圆融且入世的技巧，如此一来，就可以面对更多的世局变换以及承担更大的社会责任。

以上所论，是笔者近年来不断进行儒道辩证之思考所得，真诚发言，就教学界，目的在让中国哲学各学派的精粹要旨得以互通运用，全体有效。

第七章　论老子的圣贤智巧对庄子和孔孟的超越*

先秦哲学以政治关怀为各家理论的主要出发点，各家都是以关怀社会的入世心态，提出种种理想与做法以改善社会。唯各家出发点不同，因此意旨有别。其中，墨家关怀基层百姓，主张皆以为百姓发声为格局。儒家关怀百姓也关怀国家体制，深知唯有健全的官僚体制才能造福人民，于是期许自己承担社会责任，但时常受到挫折。庄子认为社会体制只是束缚人心的牢笼，主张个人自由，不涉入政治管理事务。老子哲学既有儒家的服务的理想，又有庄子看破社会体制虚伪的认识，提出真正能够放下自己的名利的做法，无为而无不为，是以超越了孔孟与庄子，成为真正圣贤的智慧。为何圣贤必须如此舍己以为人呢？只服务却不受益呢？这是因为高层高风险，不如此不足

* 本文为参加中国人民大学哲学院道教文化研究中心主办的“第二届老子与道教文化国际学术论坛”而作。

以成事。以上，都是世间法的思维，若从出世间法的角度来看，佛教哲学从根本上说明了生命的历程与人生的意义以及世界存在的实况，因此就更能理解社会现实的发生原因以及自处之道。从世间法的角度说，一般知识分子的人生意境，就是以老子的圣贤智慧为最高境界了。

一、前言

孔子圣人也。孔子之所以成为圣人，不只是因为他留下《论语》中的智慧，而是他实践了《论语》的精神，扎扎实实地带领众多的弟子，奠立了中国历史上的儒生族群。这个族群，世世代代为国家民族的事业奉献自己的人生。孔子确乎圣人矣！那么老子呢？老子没有明确的事迹，历史上传说的老子甚至不止一人，但有一部著作流传，且媲美于《论语》，这部著作开启了中国历史文明中在孔子思想之外的另一番思维气象，强调守柔、守弱、无为，同样引领世世代代的知识分子衷心服膺。显然，孔子是圣人，而老子是智者，然而恰恰是老子的智慧，才能让孔子的理想获得落实。老子的智慧正是实现圣贤人格的路径，圣人建立理想，但经由老子的智慧，而将其操作完成。本文之作，即为揭示这个观点。关键在于，儒家重点讲理想，而道家深入人性，唯有掌握人性，理想才得以落实。

这么一来，孔老可以互补了，本文的目的，便是在整合学派思想的立场上，界定各家的适用性范围，指出它们特别的强项，以及有所不及的边界，了解各家的特长，准确地应用之，而不要是此非彼，这样才是学习中国哲学的良好做法。本文将对比庄子哲学和孔孟思想，提出老子哲学的超越之处。最后，要说明老子类型的圣贤人格。君王多因闯祸而丧国，法家强迫自己面对的问题，就是让君王获得有效治国的技能，反之一位无能多欲的君王，正是造成圣贤难以作为的原因。除了庄子，从儒家到老子到法家，都是世间法。两千年来，固然家家都有智慧，但这个民族始终浮浮沉沉，如同全球的人类命运一样。想要从终极的角度看清世道，需有佛学的参与，然而佛法是出世间法，而在世间法中，掌握老子哲学的智慧，正是人间圣贤的最高理想。

二、学派理论的认识方式与互相攻击下的误区

中国哲学各家各派历来都有互相攻击的现象，儒道之间有《论语》中儒者和隐士之辩①，有《庄子》书中讥讽孔子之语②；儒法之间，有《韩非子》中《难》篇之辩儒③；儒墨之间有《墨子·非儒》的文章④。这是先秦之时，迨至汉末，又有道佛之争，至宋明，又有儒佛之争。这些争辩，伸张己意，正本清源，原本是理所当然，然而，一个学派在批评他派学说时用力过度，导致各家水火不容，更令各家理论的真正价值被

① 参见《论语·微子》“长沮桀溺耦而耕”、“子路从而后遇丈人”两文。

② 参见《庄子·人间世》“孔子适楚，楚狂接舆游其门曰”一文。

③ 参见《韩非子》难一、难二、难三、难四、难势、问辩诸篇。

④ 参见《墨子·非儒》。

淹没在攻防争执之中，导致后学者产生学习上的阻碍。这种现象，是到了应该被正视并且澄清的时候。

三、整合诸子思想的理论努力：从参照中知己知彼

对于中国哲学的学习，笔者认为，一方面要深入原典，另一方面要参照各家。这是因为，儒道墨法佛各家，都是讲人生理想的哲学，但有其各家的切入面向之不同，观点也就互异。从自己的面向以及关切的问题来说，各家的理论都是成立的，只是碰到不同学派间彼此批评的时候，就会因为失去焦点而导致错解。要解决这个问题，势必要互相参照，找到各自的特点与差异，就不必互相非议了。当然，中国哲学各学派都是建立在有理想的人的思想上，既然有理想，就要宣传推广以为世人所用，碰到意见不同时自然要争辩一番。然而，意见之不同不一定都是立场的对立，通常是针对不同的问题，甚至是有不同的职业身份，如《汉书·艺文志》中记载先秦学派的来源："儒家者流，盖出于司徒之官……道家者流，盖出于史官……阴阳家者流，盖出于羲和之官……法家者流，盖出于理官……名家者流，盖出于礼官……墨家者流，盖出于清庙之守……纵横家者流，盖出于行人之官。"① 既然职业身份不同，所论问题必异，各种主张只对自己的问题是有效的。但在学派争议中，往往在攻击别人的同时，把别人给错解了。古人如此也就罢了，因为他们自己是学派的创建者，但今人的学习就不能如此了，今人

---

① 参见《汉书·艺文志》。

应该综览各家，通过互相参照，总结出各家的特点，不必再有学派意见之争，只要用其各家的优点就好了。

四、架构诸子哲学的视野：六爻的架构

笔者近年对中国哲学各学派整合的问题，提出了一个架构，借由《周易》六爻的阶层关系，将墨家、儒家、庄子、老子、法家、佛教列入从初爻到六爻的社会阶层视野中。墨家是初爻，代表基层百姓的心声，提出节用、薄葬、非乐、天志、明鬼等观点。儒家是二爻，代表基层干部的心声，提出仁义礼智的价值观，实际上就是服务型的人生观，倡议君王要行仁政爱百姓，自己扮演专业政治管理人的角色，而不是权力型的人物。庄子在第三爻，在体制中没有实权实位，自己选择做个自由人，以追求自己的兴趣嗜好技艺为目标，以达到个人技艺的最高境界为人生的理想，对社会建设不承担责任。老子是第四爻，中央的高层管理人，权力大，能做大事，但却时常处于权力斗争当中，所以要学习无为、守弱、谦下，这样才能团结人心，促成美事。法家是第五爻，专注于君王权力使用的问题，谈御下之道，重赏罚，谈君权至上，此为势，需慎用，又谈严守法令，及外交攻防之术，拥有法术势三项应用的技巧。佛教是第六爻，已与人间社会体制资源管理运用之事无关，只重自己的生死问题，自度度人、自觉觉人。

以上架构将中国哲学各家各派的理论形态，借由初爻到上爻的六个阶层予以区分，以彰显学派思想的特色。目的是讲清楚各家的差异，究其原因，在于视野的不同。六爻由下而上是

基层百姓、地方官员、自由业者、中央高阶官员、国君、高阶退休之人。笔者认为，各个学派理论的提出，与其自身所处之时位有直接的关系，从而提出理论主张，意见都是合理的，只是多不全面。人生问题无数，个人处境多端，借由六爻的六个阶层，恰能彰显学派理论所处位阶不同的特征，从而合理化各家的命题意旨，但也破解了各家争辩的合理性。借由这样的架构，对各家进行的对比研究，确实对各家理论的合理性能有适切的说明，同时就在这对比的视野中，各家意旨更容易了解，同时也取得了互不冲突的理论立足点。

基于以上的架构定位，笔者将展开儒道各家理论特质定位的讨论，从中发现老子哲学思想在庄子与孔孟之间的特殊定位。

五、孔子哲学的特质和边界

《论语》中的重要价值观以孝、仁、礼为主，《弟子规》书中所引的“弟子入则孝，出则弟，谨而信，泛爱众，而亲仁，行有余力，则以学文”，正是孔子思想的大纲要，可以看出孔子追求的理想，是每个人都应该培养自己，以为社会服务，而且在社会体制内扮演服务角色。孔子教诲弟子如何从政，就是要培养为体制服务的君子人格，孔子的教诲从而成为基层官员的价值指导原则。孔子自己的身份本来几乎就是一个平民，借由努力学习，获得政治人物的肯定，从而被拔擢为官。然而，不论位阶多高，毕竟不是王公贵族出身，始终不能掌握根本性的最高权力，使得他在国家体制的社会实践上，不能终究成功。《论语》中有言：“陈成子弑简公。孔子沐浴而朝，告于哀公曰：

‘陈恒弑其君，请讨之。’公曰：‘告夫三子。’孔子曰：‘以吾从大夫之后，不敢不告也。君曰告夫三子者！’之三子告，不可。孔子曰：‘以吾从大夫之后，不敢不告也。’”（《论语·先进》）齐国本是姜子牙的封地，世代为姜姓国君，后为田氏权臣所篡，其间发生弑君事件，就礼法而言，各诸侯国必须共同讨伐，以维护周王朝封建体制的尊严与法度。

然而，在鲁国从政的孔子，所面对的鲁国，本身也是为三桓权臣所挟持，孔子面君报告此事，国君要他直接找三桓讨论，孔子也知道三桓不会理会此事，但为礼法的维护，孔子硬着头皮去报告了，结果可想而知，无人搭理。这就看出，孔子对于政权拥有者，是无可奈何的，虽然自己有崇高的理想，想维护周王朝的礼法，但是他的位阶就是中高层官员，而非上层统治阶级，关键的政治事件，依然要听命于人，且无反抗的想法。可以说孔子对于掌握鲁国政权乃至一统天下的理想是有心无力的，空有品格理想，却无实际做法，也没有关于如何操作的理论。孔子思想的特质，是在让每一个人成为君子，且应为社会服务，这样的品格，是社会体制中所有的人应有的基本修养，唯其如此，社会才会进步。然而，体制是有阶层的，权力是自上而下的，最高权力的掌握者才是真正决定体制良莠的关键。孔子的理想当然是整个国家社会都变好，但他自己在鲁国的实践就不能成功，以致离鲁他去，周游列国。结果依然行不通，只好回到鲁国以教学为主。理想是留下来了，弟子也教育成材了，但各国的政治依然不堪。自己没有掌握高层的权力，始终不能给天下百姓真正美好的生活。孔子主张“不在其位，不谋其政”（《论语·泰伯》），从礼法的角度，这是对的，但若为了天下百姓，则在位是重要的，而更重要的是，能做好事情，能建设社会，服务国家，造福百姓，而这一切，不与权臣谋划是不能成功的。在这方面老子有办法，且是站在官员的角色讲述的办法；韩非也有办法，且是站在国君的角色所讲的办法。而孔子是知识分子从政，从他的位阶眼光来看，却没有办法。孔子的思想，固然成就了知识分子的人格，且建立了中华民族的道德价值观，但对如何掌握权力这种极为现实的问题，孔子的思想没有涉及。孔子的理想只能是在体制内管好自己，能够清楚地分辨谁是君子谁是小人，然而一旦与小人为伍时，只能自己避去，而不能掌握之。笔者以为，这一部分就是老子哲学对儒家思想的有所贡献之处。孔子如此，孟子亦然。

六、孟子哲学的特质和边界

相较于孔子，孟子在政治哲学方面着墨更多，孔子可以说是从个人的角度，说明人生的意义，而以服务为人生观，重君子小人之辨。孟子则是更多地从官员及君王的角色出发，说明为官之道以及为君之道，一样是赋予高度的理想性要求，将中国政治哲学中的国家存在的目的，国君与百姓的关系，国君与大臣的关系，官员与百姓的关系，都做了规范。基本上是以照顾百姓为目的，国君应行仁政爱百姓，官员则是负责执行，做不到或国君不听从建议，则应辞官。此外，孟子提出性善论的人性论，讲仁义礼智，也建立了工夫修养论，为君子人格的建立，提出了修养论的普遍原理，即尽心知性等。相比于老子哲学思想的特色，在政治理论方面，儒者固然要培养自己从政的能力，且要求国君要尊重自己的专业，但是，作为在体制内服务者的角色，是否能够成功做事，仍然是有赖于明君。明君在上，正是孟子所期待的。然而，君王英明与否，孟子没有办法决定，他所能做的只能是言语规劝，不合则自己求去。大臣做不好事，孟子也只能不与之相处，自己办自己的事情。也就是说，孟子一样是知识分子性格，大道理讲得清楚，具体实践时的操作技巧是缺乏的，国君不行、大臣不行的时候，为保持自己高洁的理想，也只能选择自己离开。自己的高洁品格虽然保住了，但是天下百姓照顾不到了。

孟子道性善，言必称尧舜，但现实是私欲横流，君王大臣莫不如此。那么除了讲道理给他们听之外，就不能多做什么吗？除了自己辞官他去之外，就没有别的路可走了吗？孟子的逻辑就是：枉道侍人，未有可成的。此话诚然，然而孟子想的是理想的完美实现，而不可控制的变量太多，如何达到完美？物质建设如高铁、机场都是一点一滴建设起来的，社会建设、政治改革何尝不是如此？达不到一百分也不能连十分都不要了，仅仅是十分，都能拯救很多百姓。因此，孟子的哲学有其边界，有其不能有效处理的面向。孟子谈的是国君与大臣应该如何作为的问题，孟子期许自己是协助君王治理国家一统天下的大臣，但是，国君大臣之如何作为，孟子是没有管控办法的。而自己这个大臣职位的取得，以及是否受到君王的尊重，孟子也只能看国君本身英明与否。也就是说，孟子没有把知识分子从政的各种问题完全解决。如何顽强地实现理想，有没有什么技巧？

孟子并没有搞清楚这些事情。这样一来，理想就只能是理想了。这个问题，还是老子的哲学才真正面对。

七、儒家面对问题的解决之道

孔子自己是大教育家，孟子亦有弟子围绕，作为儒家君子的孔孟之徒，纷纷以教育为己任，企图在广大的百姓基础上，重建人生的价值观，厘清生命的意义，落实以君子人格为典范的教育理想，这是根本解决之道。然而，这样做的结果成效有限，谁也不能保证这些弟子将来都能从政，官场上谁也阻挡不住权力斗争。而儒者能做的，或是在野办教育，或是在朝坚守正义，但坚守正义就会与群小为仇，结果往往是君子斗不过小人。儒者教人孝悌忠信，尽忠职守，这一正一邪之间的拉锯，就一位真正的君子儒而言，不论他的位阶是在基层还是高层，都会面临十分艰困的局面。那么，儒者该如何应对呢？历史上有儒家理想性格的大臣，他们都面对了，也应对了，而他们面对及应对的技巧，却有许多是道家的智慧。这并不说明他们已经不再是孔孟的信徒，他们是以孔孟的理想为志向，以道家的智慧为操作技巧，如此才能肆应贪鄙的人性以及艰困的局面。

道家有老庄列三型，列子专注个人身体修炼，对儒家帮助不大，因为整个人生观的方向是不一致的。庄子的人生方向与儒者也不一致，但是庄子的类型毕竟是悠游在人间，这对儒者有莫大的参考价值。至于老子，才真真正正是儒者从政的关键助力，老子的思想深入人性黑暗的一面，根本性地关切了人际关系变化的律则，提出了掌握人际关系变化的应对之道，这正是儒者从政所需的操作技巧。

八、庄子的特质与对儒家的功用

庄子哲学追求个人的自由，不参与社会体制的建设，这主要就内七篇的主旨而言，外杂篇就不然了，此处以内七篇的庄子原型之思路为准。庄子可以说是体制外的哲学，是出世主义及个人主义的思想，《齐物论》中就说出了社会议论不可信，都是个人成见所致，因此任何人主张的社会理想是不值得信赖的。《人间世》中则提出应世面对之道，基本上都是避开传统社会性角色的扮演逻辑，不以掌管天下、治理国家为思路，彻底看清政治人物的暴虐性格，对于社会体制的角色扮演都采取了退避的态度，也就是角色的存在是不得已，如“天下有大戒二，其一命也，其一义也”（《庄子·人间世》）。但扮演角色的逻辑可以逍遥，也就是不投入，不以社会世俗的眼光处理自己的生活，摆脱社会评价的束缚，看破社会体制的问题，只求个人自己的适性逍遥。脱离了社会性的角色之后，个人的兴趣嗜好技艺成了追求的重点。这样的人生，对儒家而言是有其价值的。庄子可以看清世俗的虚伪，儒者何尝不能看清？只是儒者有社会使命感，使得自己不得不艰辛地在体制内挣扎。问题是确有不可为之时，若尚有可为，当然应该尽力一搏。假如时不我予，势不我利，在不可为的时候，也应该知道不可为的边界已经出现，那就应该选择退出在体制内积极建设的角色与心态。事实上，孔子和孟子的去鲁和去齐，就是这种退出的行为。放弃了在体制内建设国家社会的角色扮演，走出一条以个人专业教育子弟的体制外道路，若非有这种对世俗的透视，孔子和孟子岂能离开实现理想的舞台？这一点，正是孔孟与庄子同调的地方，很可惜，《论语》书中的隐士却不能了解孔子。

> 桀溺曰："子为谁？"曰："为仲由。"曰："是鲁孔丘之徒与？"对曰："然。"曰："滔滔者，天下皆是也，而谁以易之。且而与其从辟人之士也，岂若从辟世之士哉？"耰而不辍。子路行以告，夫子怃然曰："鸟兽不可与同群，吾非斯人之徒与而谁与？天下有道，丘不与易也。"（《论语·微子》）

桀溺以为孔子的周游列国只是避人，而他们作为隐士者则是整个避世了。其实孔子也谈避世，孔子说："贤者辟世，其次辟地，其次辟色，其次辟言。"（《论语·宪问》）差别只在，隐士之避世，避开政治再也不回头，孔孟之避世，只是暂时离开眼前这个舞台，却希望有机会再回来，或是培养弟子回来。当然，这个差别是巨大的，因为二者终极人生方向不同，也就是说道家庄子和儒家思想的价值立场是根本不同的：一者出世，一者入世。出世是指不以社会体制的建设为人生的意义，不以社会体制的角色为生命的价值。世间有管理众人之事务的社会体制，儒家就活在这样的结构里，儒家期许君王大臣爱百姓行仁政；庄子就不活在这样的体制里，他的看破是彻底的看破，最终追求的是个人的适性逍遥，或是技艺的超升，或是神仙的境界。

本文讨论到，儒家的理想，确乎是人类社会体制根本需要的价值观，唯人性浇薄，贪欲横行，儒者的理想通常难以在社会现实中完美落实。为了避免与暴君恶人相斗而丧生受戮，接受庄子出世的思想是有必要的，这是保身、全生、养亲、尽年之道（《庄子·养生主》）。《论语》中的“贤者辟世，其次辟地”，就是出世思想的方向，有不可为之时，就宜避开，若不能避，或身死牢笼，或同流合污。儒者洁身自爱，讲公私义利之辨，自然不肯同流合污。庄子何尝不然，《逍遥游》中的大鹏鸟，心志比天，何肯与蜩、鸠为伍（《庄子·逍遥游》）？只是他一去不返，甚至祈求神仙的境界，社会体制的良好建设绝非他要追求的方向，这就跟儒家分途而为了。

孔孟及庄子都能看破社会体制的虚妄面，又都洁身自好，不肯与污秽为伍，在势不可为之时，都选择离开舞台，可是天下大势怎么办？百姓福祉甚至是国家安危怎么办？一旦有机会，或本来就在位，一定要离开舞台，追求自己的兴趣技艺吗？孔孟是离开了，但是又找到新的角色，教育树人，更何况，孔孟是大哲学家大思想家，在理论上建立了万世不朽的价值观，且孔孟的时代，知识分子与政权的关系尚有其自由在，因为是多国时代，秦以后的儒者，没有他国求官的空间，除非是三国、南北朝等乱世，而乱世本就不是大有可为之时。然而就算是大一统的时代，依然是高层权势斗争激烈的格局，心系天下关怀百姓的儒者，想要照顾人民，清理政治，则将如何自处，如何与权臣小人相处，如何与暴君或是黯主相处？这时候，待在体制阶层中，有个一官半职，便是儒者不能不扮演的角色。当然，在体制外做儒商、做教育家也是很好的，但体制内仍然必须是儒者最终的舞台。此时，老子的智慧就真正派上用场了，因为他深透人性，对负面的人心了解深刻，对人事变化的规律掌握正确，知道如何应对，既能生存于体制的诡谲风云中，又能适时地为百姓做出贡献，既能保身，又能应世，还能有所贡献于人民的需求。

但是，老子式的智慧，归根结底，仍是依据于孔孟及庄子的两套重要思想的认识：其一是儒家的道德信念，有为人民服务的胸怀；其二是庄子的世局观察，追求自性逍遥的精神。老子哲学是有仁爱胸怀的，但是，政治场合中，权臣、小人、昏君时时掣肘，因此理想固然高远，做法必须务实，不求十分圆满，只求多做一分是一分，就在这样的夹缝中，发挥处世应变的高度智慧。

九、老子哲学的特质与对儒家的功用

老子是讲求规律的哲学，所谈“有无相生”、“反者道之动”、“天下万物生于有，有生于无”，是说明人事变化的规律，掌握了规律，就掌握了应变之道。老子是谈领导者的哲学，所谈“无为而无不为”、“取天下”、“天下莫能与之争”、“善有果而已”、“功成”“事遂”，说明了他就是要积极掌握世界，他有创造事业、建设社会的理想。老子又不只有理想，老子还有实现理想的智巧，这就是“弱者道之用”、“损之又损，以至无为”、“取天下常以无事”、“夫唯不争”、“果而勿骄”、“身退”、“功成而弗居”、“生而不有、为而不恃、长而不宰”。可以说，老子的哲学，就是既有儒家治世的理想，又有庄子看破社会体制的认识，进而有如何在现实的世界为人民服务的工夫修养。既要追求理想，照顾人民百姓，又要知道权力世界之无情与残酷，因此必须“无有入无间”，唯其“无为”，故能“无不为”。也就是“非以其无私邪，故能成其私”。无私、让利、给而不取，正是老子待人处世以及治事的智巧。身处高层，就把利益让给他人，满足其要求，因此有所作为。满足他人的关键在于自己能够无私而让利，这就是“无有”、“无事”、“无为”之意，既然自己都“不有”、“不恃”、“不宰”了，那当然也就能够“生而”、“为而”、“长而”了，如此则昏君、权臣、小人的掣肘都不会起作用了，因为他们的私利都得到保留。无私就是无事，无事就是无有为己私利之事，如此便能取天下，取天下就是掌握改变世界的权柄，从而造福于民，这就是“以无事取天下”。想掌握改变世界的权柄，此事谈何容易，因为人性好争。但所争的是私利，若把私利都让给他们，权柄就掌握住了，这就是“夫唯不争，故天下莫能与之争”。天下人都为了巩固自己的私利而来维护你做事的权利，因为你做事，他获利。这样的思维，确实有超出孔孟之道之处。

此中的无为，“无”的是什么呢？孟子已经说清楚了儒家的君子就是要有公私义利之辨，显然为公无私是儒者的基本修养，但是在儒家这里谈的主要是财货的利益，财货的利益儒者多半可以舍弃，可不去争夺，但是有一样东西是儒者不易放弃的，那就是名，而名又常锁在位里，有位才有名。但有位而无法做事时，儒者宁可放弃此位，弃位而留名，留个清名，留个不与小人为伍的清名，这才是儒者所要的名。孟子一方面称赞柳下惠是“圣之和者也”，但另一方面也批评他的做法：“伯夷隘，柳下惠不恭，隘与不恭，君子不由也。”（《孟子·公孙丑上》）柳下惠就是“不羞污君，不卑小官；进不隐贤，必以其道，遗佚而不怨，厄穷而不悯”（《孟子·公孙丑上》）。显然，柳下惠保位而不在意名声，实际上不是为了位，而是有机会做事情就做事情，不论位高位低，不论君王明暗，保位而不重位，其实就是不重名，名能放下，与污君卑位共伍而不在意，谨守直道做事，这就是儒家有时候难以做到的境界。孟子如此批评，孔子同样也不赞同柳下惠“降志辱身”（《论语·微子》），孔子本人肯定不会如此。伯夷、叔齐坚决反对武王伐纣的事业，确实留下清名，但于百姓无所帮助，于建设无有贡献，这就是重名的结果。

儒者以孟子为心志高傲者之最，他说：“故将大有为之君，必有所不召之臣。”（《孟子·公孙丑下》）然而，战国时的国君多傲慢粗鄙或无能多欲，如何将大有为？如何肯下臣？依照孟子的期许，则所有有理想的儒者君子，也就遇不上明君、站不上高位、掌不到权柄、做不了大事。名，于老子哲学中，则是要放下的东西，老子说：“名与身孰亲？身与货孰多？得与亡孰病？是故甚爱必大费，多藏必厚亡。故知足不辱，知止不殆，可以长久。”（《老子·四十四章》）名声重于一切，这是儒者的信念，但这是公私义利、是非善恶之辨下的名声，而不是是否当位、在位、得位的名声。再深一层，一个人是否有道德，在于自己，而不在于他人的评价。儒者爱惜声誉，不齿与权臣小人为伍，怕污了自己的清名。子路在回答丈人时说：“欲洁其身，而乱大伦。君子之仕也，行其义也。道之不行，已知之矣。”（《论语·微子》）这一段话就是主张不宜自洁其身而放弃社会责任的。君子入仕固然是儒者的大义，但如何入仕而能治事，如何治事又能处世而保身全生？如何在乱世而据高位以保民安国？这不是孔孟之儒者太在意的事情。这一段话发生在孔子周游列国的时候，子路主张君子宜入仕在位，但他的老师为了选择更好的环境而去国他求。当然，这是在春秋战国时期，而且孔孟皆如此，但是孔子的弟子中有官做的人，他们的行为，就多少有老子思路的身影。真要做事，名也不重要了，不只是利益不重要。名与利皆不是真正重要的，重要的是为人民服务。

此处讲的儒者之好名，不是一般的好名好利，好名好利就不会辞官了，而是儒者好洁身自爱的美名，然而，这正是权臣、小人之所以可以如此肆无忌惮的原因。既然你好美德之名，那权柄我就不客气全部吃下了。

笔者之意为孔老是互补的，儒家提出理想的目标，老子提出处世的智巧。对人性的解读，儒家主张性善，认为人皆可以为尧舜，于是透过教育，讲究孝悌忠信以为立国之大本；老子深知人性之负面心理，在具体治国理政时，懂得如何应对进退。儒家的最高价值是仁义礼智的道德信念，老子的最高价值是无为的信念，无为即无私。可以说，儒者不能过去的关卡被老子闯过去了，关键在于放得下道德仁义之名，“绝圣弃智，民利百倍；绝仁弃义，民复孝慈”（《老子·十九章》）。当所作所为能够不是为了自己得到名声时，才真正落实了作为，做事只在目标的本身，善有果而已，而不在自己的荣誉。老子说："善有果而已，不敢以取强。果而勿矜，果而勿伐，果而勿骄，果而不得已，果而勿强。物壮则老，是谓不道，不道早已。"（《老子·三十章》）

过度在意自己贡献的结果，而又身在高位，这会让别人容不下你。高层的资源权势之争，是"无间"的，没有空隙让别人钻进去，所以要"以无有入无间"。没有任何自己的名誉利益在，才能跻身高层，认真做事。然而，当儒者怀抱着淑世的理想，高举道德仁义的大旗，要来救国救民，改革吏治，惩治贪腐时，自己道德崇高，别人就小人权臣了，这样岂能站上高位，岂能掌权治事？君子要有理想，要洁身自爱，这是当然，但若要为民服务，就要舍弃名声，不是去为恶，而是有与恶人相处的智慧，否则如何入仕治事、服务人民？这样，在尚有可为之际，不因看重形象而种下败因；在不可为之际，不因行为刚直而败亡受戮。永远保持可进可退的空间，这就是老子的智巧对儒家的弥补。当然不能说儒者就没有这样的智慧，而是说这样的智慧主要就是老子哲学才讲清楚了的。老子哲学就是身在高阶的管理者领悟世人多欲，知道如何应对而发展出来的智慧。

十、老子对庄子及儒家的超越

老子对庄子是超越的，但，这是世间法意义上的超越，世间法的目标就是建设社会，落实事业，照顾人民的生活，就此而言，庄子等于没有世间法的管理哲学。虽然不能说庄子没有政治哲学，但他的政治哲学实际上就是放任政治，"汝游心于淡，合气于漠，顺物自然，而无容私焉，而天下治矣”（《庄子·应帝王》）。这是无效的、过于天真的和不负责任的。庄子看透了高层的问题，认为人民的痛苦就是源于政客对人民的伤害，因此只要君王不伤害人民，人民各自生活，必然就和乐安康。然而，这是讲给自己听的，若是自己是君王就这么办了。问题是，庄子类型的隐士怎么可能天上掉下来一个君王之位给他呢？就算他真是这样办了，下民大臣就能不违法作乱吗？就能天下大治吗？所以，庄子与老子的差别，就是没有有效的政治哲学与有有效的政治哲学的差别；至于相同的地方，就是知道世间并不美好，知道体制多有问题。庄子的选择是弃世而出世，只做自己，对于世俗的荣誉利益都不看在眼里，不受任何世俗评价的束缚，如王骀、哀骀它之行为（《庄子·德充符》）。自己自由了，便可放手去追求个人技艺的无限上升，这是庄子的类型。老子则不然，念兹在兹的还是人民与天下，于是谦下、守弱、无私、让利，委曲求全，顾全大局，团结众人，成就事业。庄子的理想一人为之即可，超高的技艺就是天才的类型，因为这是不关乎体制建设的个人才华之展现。老子的理想却须众人合作才能成事，因为做的都是体制内的社会建设事业，所以没有众人齐心协力是不可能的。而众人之中既有干练的部属，也有小人、权臣、昏君，如何让后者不掣肘，让前者能放手去做，这就要靠老子哲学的智慧。额外的利益都要分给别人，功劳是君王的，权力要与权臣共享，资源要分给小人，酬劳要给予干部，只有这些在位的角色都愿意看到君子的事业成功，才有君子可以领导指挥的格局。一旦成事，便是创造了新的社会资源，这才是百姓的福祉。在这样的作为中，儒家淑世的理想才能获得落实。

究竟是什么样的因素，使得老子哲学中的智慧可以成就儒者认为不可为之事呢？关键就在于放下了名利：自我价值感的名与自己应得的利。从儒者的眼光中，这名与利是实在的，名非虚名，而是实至名归之名，利非不当之利，而是自己努力所应得的报酬，但老子哲学中告诉我们这些也可以放下。庄子放下的是世俗的名利，但都是虚名假利，因为他也没有对社会做出贡献，甚至以自己的潇洒之姿、高超的技艺，还可以获得丰厚的财货，只是他的作为无关乎社会世俗之名利，也无关乎人间的道德是非，只是自我自足逍遥自适而已。老子哲学则不然，损之又损，所损的，就是自己应得的名利，但是老子已经明言，就是要“损之又损，以至于无为”，也就是完全没有了名利，才能成就社会的事业，才能“无为而无不为”。这是因为，老子所论都是高阶官员的处事原理，你办成事，而得名利，则天下好事尽叫你得去了，别人岂不忌妒得很？因此老子深知通过让利，使人心的贪欲获得了满足，别人就再也没有忌妒、争斗的必要了。

这就是老子哲学所提出的圣贤的智慧。真正成为圣贤的人，是在操作中落实了天下大利的人，要实现天下大利，就需要自己让利，否则权小之徒不会给你机会成就大事业。儒者并非不能让利，但在荣誉心的坚持中，不肯降志辱身，因而错失了为民服务的时机。儒者这种荣誉心的坚持，适合在基层为官，基层官员尽可以英雄主义，受人民感念，一旦跻身高层，除非不怕忌惮与忌妒，否则都是要去掉荣誉，低调行事的。社会世俗的虚名必须看破，这是庄子的胸怀，但服务人民的理想必须落实，这是儒者的价值。然而，唯有老子哲学的智慧，才能真正结合两者，而超越庄子与儒家。这种智慧表现在一条一条的老子语句中：

> 是以圣人处无为之事，行不言之教，万物作焉而不辞，生而不有，为而不恃，功成而弗居。夫唯弗居，是以不去。(《老子·二章》)
>
> 是以圣人后其身而身先，外其身而身存。非以其无私邪？故能成其私。(《老子·七章》)
>
> 上善若水。水善利万物而不争，处众人之所恶，故几于道。……夫唯不争，故无尤。(《老子·八章》)
>
> 何谓贵大患若身？吾所以有大患者，为吾有身，及吾无身，吾有何患？故贵以身为天下，若可寄天下；爱以身为天下，若可托天下。(《老子·十三章》)
>
> 故善人者，不善人之师；不善人者，善人之资。不贵其师，不爱其资，虽智大迷，是谓要妙。(《老子·二十七章》)
>
> 天下之至柔，驰骋天下之至坚。无有入无间，吾是以知无为之有益。不言之教，无为之益，天下希及之。(《老子·四十三章》)
>
> 名与身孰亲？身与货孰多？得与亡孰病？是故甚爱必大废，多藏必厚亡。知足不辱，知止不殆，可以长久。

(《老子·四十四章》)

为学日益，为道日损。损之又损，以至于无为。无为而无不为。取天下，常以无事；及其有事，不足以取天下。(《老子·四十八章》)

这些被老子看透彻、讲清楚、说明白的道理，之所以成立，就是针对高阶层权力人士所说的道理，高层的环境险恶，所以高层的好人更难为。面对险恶的环境，庄子哲学选择出世，儒者选择“辟世，辟地，辟人，辟言”，也是避开，只是还在寻找其他可以奉献社会的可能，而不轻易出世，因为还有大伦在。然而老子的智慧告诉儒者，不论怎么样都还有可为的空间，只要自己懂得让利让名让形象让功劳让权力让资源，“损之又损”，达到“无为”，就能“无有入无间”，“无为而无不为”了，也就是“夫唯不争，故天下莫能与之争”。不争私利，则造福天下公益的权柄就在手中紧紧握住了。这就是圣贤之所以能够成就事业的道理，也正是老子的哲学超越了儒家与庄子的道理。

总而言之，这个道理就是老子哲学掌握了人际变化的智巧，从而得以落实儒家的圣贤理想。庄子看破而选择放弃，老子看破却仍不放弃。在哲学史的发展中，也许孔老是同时，而庄子晚出。然而，在思想的世界里，孔子之人生理想，庄老皆见之，唯孔子坚守之且讲明白了圣贤的理想。庄子所见世界之问题，孔老亦见之，唯庄子一往直前走上了出世之思路。老子既重理想亦见问题，孔庄亦见之，唯老子提出的处世治事之智巧，既守理想又顾现实，真正超越了庄子与孔孟的类型，在世间法中出类拔萃，可谓人群中的应世宝典。

那么，回头来讨论为何高层环境多险恶的问题，以及试探解决之道，这就需要从法家的智谋中寻求方法了。

十一、法家的特质与对儒家的功用

本节以《韩非子》为对象而论法家以及法家与老子的关系。在《韩非子》书中有《解老》《喻老》两篇，《解老》论理，语气不似韩非，冗长絮叨，但直以继承老子为宗旨。《喻老》以史事证说老子，意旨皆同于其他篇章，当为韩非之亲作无误。重点是，《韩非子》之书等于是明讲其学术思想是在继承老学基础上的发挥，唯《韩非子》重法、重术、重势，法与势者皆非老学重点，可以说韩非所发挥的老学思想，成为重术的智谋。老子掌握事变的规律，故有应世之智巧，谓其有术，并不为过，唯仅以行术见之，未免偏歧了。

面对战争及权臣小人当国之时，法家思考的是如何强势掌握国家体制，以追求富国强兵。从对比的角度视之，孔子思考生命的意义，指出人生以服务为目的，于是进入社会体制，成就君子人格。孟子思考人性的本质，提出性善说，支持孔子君子人格的理想，建构人性论。思考服务社会的终极理想，寄希望于国君之行仁政爱百姓，以及官员之勇于负责，以此为基础建构政治哲学。孔孟思想奠立了做人的根本道理，以及国家社会体制存在的根本目的，可谓理想性哲学。唯对现实问题所谈不多。理想在现实中如何操作？现实有些什么困境？孔孟一旦面对这种问题，都只是以理想的贞定为思考的出路，却不能在现实问题的解决上提出对策。王阳明讲致良知也是这一路，但是他又有别的能力，他精通兵法，计谋多。面对战争，他是有办法的，只是面对中央的权力，他也只能退避。至于孔孟，面对战争就没有讲到办法。庄子的思考，直接跳出国家社会的存在目的与意义的问题，只管个人生命的伸展，脱离世俗的羁绊，直上青云，甚至修炼成仙。这毕竟也是面对现实的一种出路，但说到底，这只能是天才的自我出路，而不能是全民的共同理想。老子的思考，为全民找出路，将孔孟的理想内化入心，对庄子的见识洞察明晰，却更有见于人事变化的规律，找到知识分子应世治事的智巧，解决了在社会体制内生存艰难的问题，也掌握了建立事业照顾百姓的方法。然而，以上都不是法家面对的问题。

法家面对的是国家在征战中的败亡之局，奋思有以挽救之道，针对的是权臣当国，挟外自重，窃国自肥。于是君王需有御下之术，首应保势，其次重法。至于肆应国际，以及管理臣下，则有多方之术。可以说法家才真正是最重视现实的思想学派。孔孟见现实而提理想，庄子见现实而避世，老子见现实而掌握之。但是，儒道所见之现实，都不及法家所见现实之真实、残酷、关系重大，孔子避世，孟子去齐，庄子出世，老子避昏君权臣小人，然而法家则是面对敌国当前、君位不保、权臣窃国的现实，因此是当务之急。关键在于君王的角色扮演上。这一点，孟子所提亦不少，但重点在期许君王行仁政爱百姓，谈的是角色的理想。而法家所提重点在君王御下以保位，重法以治国，用术以胜敌，谈的是角色的操作智巧，从而权柄在手，富国强兵。这其中当然预设了福国利民的理想，只是御下之际，深知众人皆为名利而来，所以以赏罚约束之而已。虽然不重德性，但只是说空有品德而无能力乃是于国家无用之人，并不是否定德性的价值。法家不过是出于务实的考量，《韩非子》中不见残民以逞、欺压百姓的思想，只是为面对危急存亡之局，提出强势管理之道。理论上唯一的问题，是与儒家辩论时误解儒家，此事见于《韩非子·难》一、二、三、四诸篇。这是法家自己缺乏对比的视野所致。

虽然，《韩非子》书中多有精彩的理论建树，然而是出于国君贪鄙无能、群臣作乱于下所衍生的思考。现实中，国君往往贪鄙无能，导致群臣作乱于下，这也正是孔子所面对的鲁国政情、孟子所面对的齐国政情，以及老子所思考的圣贤智巧之所以必须如此操作的原因。国君多欲，则群小为其代言人；国君无能，则权臣为其发言人。高层充斥着权臣及小人，一旦知识分子当官救国，就不得不面对权臣小人。能够面对权臣、小人的知识分子，才能建设事业，造福百姓。不能面对的话，要不出世如庄子，要不避世如孔孟，更有甚者，与其对立而身遭刑戮，如子路之被剁成肉酱。在这样的时局之中，知识分子从政，便只有运用老子哲学中的智慧之道才能面对，故而《韩非子》亦以继承及发扬老子思维为宗旨，但并不认可儒家。

可以说，法家又比老子哲学更加务实，因为他要面对的是高层多险恶的这个更根本的现实问题。如果国君贪鄙多欲又无能昏庸，那么权臣及小人的存在是必然，孔孟去国，庄子出世，唯有老子哲学提出了应对之道。莫怪乎圣贤难为，势必如此委曲求全，方可“无有入无间”。因此对法家而言，国君必须被改造，必须成为保位御下富国强兵的强人，但这谈何容易。韩非自己都说了，“有道术之士”时常被权臣阻隔于外，不能面君，就算面君了，又有多少国主真有英明之才而能善听并堪造就?①有是有，但从历史上算来，比例低得可怜。然而，不只是法家的理想难以奏效，儒家认为百姓必须被改造，要教之以孝悌忠信，天下才会太平，这当然也是谈何容易的事。庄子则认为不需要改造，自己逍遥出世就行了，但有几人真能放下世俗评价的束缚，这也是谈何容易的事。老子认为应该改造自己，像变形虫一样适应任何艰困的环境，但除非是真圣贤，凡人只能说说而已，谁真能做到不要利益、不要荣誉、不要形象，只为顾全大局，这一样谈何容易。

法家提出的解决之道就在君王角色扮演的具体操作上，可惜的是一本理论堂皇的巨作，国君也未必会深入阅读而获得智谋，于是历史依然如故，一家朝代兴起了又衰落。儒者在基层依然充满了理想，希望改变这个世界，并且自己成为英雄。自由派人士依然逍遥自顾，追求神仙不死的永恒意境。圣贤依然委曲求全，顾全大局，牺牲小我，完成大我。人间的世界似乎循环不变，各家的理论都有道理，但都不全面。理论上各家其实彼此需要，现实上各家谁也顾不了全局，王朝兴亡，历史更

① 参见《韩非子·难言》：“此十数人者，皆世之仁贤忠良有道术之士也，不幸而遇悖乱暗惑之主而死，然则虽贤圣不能逃死亡避戮辱者何也？则愚者难说也，故君子难言也。且至言忤于耳而倒于心，非贤圣莫能听，愿大王熟察之也。”

迭，人心依然。因为所有美好的理论与优秀的人品都难以一时聚齐，那么，政治哲学的最终出路为何？个人生命的最终出路为何？这是一个值得思考的问题。

十二、结论

本文之作，以世间法与出世间法的架构，讨论老子的哲学思想，主张老子哲学是世间法中最究极的人生智慧，它预设了儒家的仁爱胸怀，也领受了庄子的逍遥精神，却入世而治事。既免于儒者无可为时的困境，又不尚庄子出世逍遥的路向，所以说，老子超越庄子与孔孟。就此而言，老子哲学的智能类型是圣贤的类型，圣贤者入世救人，以孔孟的儒家为原型，但老子哲学有其超越之处，关键在智巧，关键在人心的理解与规律的掌握，可以说是以仁民爱物的胸怀加上无为守弱的智巧完成圣贤的角色扮演，这不同于庄子天才的类型，天才是个人完成就完成了。文学家、艺术家、武功高手、特技专家等都是，个人做到了技艺的最顶尖境界就是天才了。天才是个人的事，圣贤却是众人的事业。天才很好，能够安顿个人的心灵；圣贤更好，能够安顿众人的心灵，因为他无为，也就是无私无我，因此能以“无有入无间”，在夹缝中帮助这个世界，以服务于人民百姓。

老子类型的圣贤之所以必须如此扮演角色，是因为国家体制的问题，古代王朝体制，万事取决于国君一人，天下安危系于一人之身。儒家要入仕，本不该批评君王，但还是有孟子敢于直接说出来。庄子要做隐士，根本无畏君王，所以也是直接说出来。法家爱国心切，必为君王谋，提出许多的策术，然而，话都说了，君王依然故我。两千年的王朝体制下，有理想的知识分子若是真要为人民服务，无不需以老子哲学中的智能应世治事，否则无有能成其功者。因此，笔者要指出，世间法中要解决在社会体制里造福人民的问题，以平民知识分子的角色身份来说，老子的圣贤智慧是最究极的了。当然，如果角色本身是生在帝王家的可能继承者，那自然可以有另外的类型，那就是《周易》乾卦的类型，即董事长、理事长、国君的类型。老子哲学是坤卦类型，平民担大任的类型，是秘书长、总干事、总经理、执行长的类型。如果所面对的不是体制的混乱时期，角色上是要做人民的英雄，要革命起义做开国的君王，这又可以是别的智能类型了。《人物志·英雄篇》谈的项羽、刘邦的优劣高下之说可以参考，此处不宜深入。

老子哲学中的智慧适用于身在体制内部的角色人物，至少是要说给不是第一号的人物听的。并非开国君王不需要谦下无为，而是他的角色关键是开创性、指挥性的，是意志坚定地提出方向，否则不足以为开国君王。至于那些忍辱负重、委曲求全、任劳任怨、不敢居功的角色，才是老子哲学这种类型的圣贤在作为的。否则何以“弱者道之用”，“非以其无私邪，故能成其私”，“不敢为天下先”？当然，追求帝王事业者在尚未成功达阵之前，也需要这些智慧，然而这恰恰说明了，只要不是天下最有权势之人，都需要老子类型的智能。例如“高筑墙，广积粮，缓称王”之说，就是老学“柔弱胜刚强”之道的应用，但这也正是在自己并非实力最强的时候的作风，若是汤武革命、楚汉相争之势，何来“柔弱胜刚强”？文王时候是“柔弱胜刚强”，尚未形成楚汉相争局面之前的刘邦是“柔弱胜刚强”，一旦到了武王、到了楚汉之局的刘邦，柔弱是胜不了刚强的。老子哲学中的“弱者道之用”是要掌握之而不是要消灭兼并之，开国帝王的“弱者道之用”只是一时的隐匿之策，最终必然是要将对手消灭之、兼并之的。一味地将老子视为帝王术之诠释，不仅将帝王术说偏了，也说偏了老子哲学的圣贤类型。圣贤不是帝王。当然，圣贤可以为帝王，一旦圣贤为帝王而为圣王时，那就是百姓之福、万民之庆、国家的最大礼赞了。可惜圣王者少，于是就需要有圣贤，老子哲学就是能完成圣贤类型的哲学智能，宜予厘清，因为任何时代都需要有具备这种智能类型的平民知识分子出来拯救百姓。

此外，黄老道家对老学的发展提出君王亦要无为，但那已经是老学发展下的新思维。《韩非子》的法家思想中也讲这种无为，这是隐匿自己的意图以完全掌控部属的意思的无为，而不是老子哲学原意中的“无私”层面的无为，以帝王术诠解老子文句意旨，是黄老道家和法家的类型，不是老学原旨。笔者既不是反对无为概念可以这样使用，也不是反对黄老道家和法家的理论，而是要还原老子哲学思维的原型。只有原型确定，才能在使用到它的时候清楚方向，知道它的适用边界何在，否则包含太多诠释可能性的理论，一定不是好使用的理论。

第八章　论儒家与法家的会通

《韩非子》书中多有对儒家的批判，标榜治术，否定用人唯德，儒家则强调重礼而非重刑，由此形成儒法两家德治与法治之争。德治有教化人心的价值功效，却对严峻的形势与险恶的环境不能及时改正；法治有震慑罪恶的功效，但不能实现长治久安的理想。可以说儒、法各有特点，也各有不足。本文将指出，两者应该互相学习，接受对方，补足各自的不足，再加上道家对人性更为透彻的认识，三者会通，便真能锻炼出坚实强干的士子，如此，才是活学活用中国古代的智慧。

一、前言

本文之作，将讨论传统儒家与法家思想的会通问题，要谈儒法会通，主要眼光便是在政治哲学问题上。关于君王对臣下的领导、对国家的管理，法家有积极的意见，儒家也有深刻的认识，但两家意见不同，甚至有理论上的攻防，这一点表现在《韩非子·难》篇中。笔者以为，这个攻防是可以消解的，是以展开讨论。为了讨论能明确聚焦，儒家思想以《论语》《孟子》中的政治哲学精神为基础，法家思想则以《韩非子》书中的观念为主。这个议题的产生，一方面是传统上儒法两家就有许多的争执，这些争执的内涵及消解的可能，极有理论研究的必要。另一方面由于笔者近年来一直致力于先秦诸子各家的义理会通问题，认为各家都有不同的问题意识以及发言的层面，宜有各家义理融通的框架可以建立，是凡考虑治国之道，都应该好好利用儒法两家的优良传统，才能引领国家奔向富强繁荣和平发展的盛境，因此处理儒法两家的会通问题，便是其中的关键环节。本文之作，将对儒家和法家的思想特质及其不足之处、值得互相学习的重点展开讨论。最后，中华国学中尚有一些宝典，也涉及治国之术的问题，如道家老庄以及《人物志》。在讨论完儒法会通之后，治国之术尚未备齐，老庄著作中有对个人进退的透彻思考，而《人物志》中则是结合了儒道法三家的治国之术的理念，因此更为完备，当然，思路的细节还是要回到三家文本中落实。

二、儒家特质

就儒家的特质而言，不论是《论语》还是《孟子》，都是以通过自我修养培养德性以承担重责大任的角色为目的，也因此呈现了以下与法家极为不同的价值观。

（一）强调国君及国家要行仁政爱百姓

儒家认定国君的角色，就是要照顾百姓的，《孟子》著作中所建立的尧舜禹汤文武的圣王形象，不论与史实是远是近，都说明了那是孟子心中的理想君王的形象，这等于是以知识分子的期许而建立的信念，君王就是要行仁政、爱百姓，若能做到，便是王道政治，便能一统天下。一统天下的合理性来自近悦远来，来自天下君王的效法学习，可以说更多的是精神上的一统天下，而未必是武力与政治权力上的意义。一旦一统天下，结果就是四海升平，百姓丰衣足食，安居乐业，而这正是儒者的理想。可以说儒者就是站在知识分子理想的立场上，期许国君爱人民、行仁政，目标都在人民生活的追求上，而儒者自己则是扮演协助君王治理天下的专业政治管理人角色。

（二）重视人才培养与德性教育

儒家这个王道政治的实现，需要有知识分子的自觉。这个自觉，当然需要师友的引导，所以儒家重视教育，孔子就是至圣先师、大教育家。“子曰：默而识之，学而不厌，诲人不倦，何有于我哉。”而其所教者，便是德性教育、品德教育。

（三）强调个人道德修养：孝悌忠信、五伦、四维、八德

儒家就是如此重视个人的德性，可以说这就是知识分子的品格，也是君子小人的分野，这正是《论语》中陈述最多的价值分辨，被《弟子规》奉为圭臬的“弟子入则孝，出则悌，谨而信，泛爱众，而亲仁，行有余力则以学文”，便是个人品德教育的最佳目标。《孟子》中的“父子有亲，君臣有义，夫妇有别，长幼有序，朋友有信”，便是讲孝悌忠信的儒家“五伦”。

还有“礼义廉耻”之四维，“忠孝仁爱信义和平”之八德，都是儒家培养个人的道德信念。儒家由个人的德性培养做起，当老师的就是要教育这些品德，品德完成之后，就协助君王治理国家，这正是儒家由个人知识分子的身份以承担天下的价值理想。

（四）儒者能以一人之心志承担天下之重担

正是因为儒家有这样的胸怀，于是一个自觉的儒者，一旦学而有成，不论何时何地，不论时局如何，都是能够独立地承担天下责任的大人。《论语》中即言：“曾子曰：可以托六尺之孤，可以寄百里之命，临大节而不可夺也。君子人与？君子人也。”这样的儒者，哪里有危难，哪里就有他的身影，他们的角色就是扛起重任，主动承担，这样的人物，岂能不是国之大士，岂能不是一位心怀天下人民百姓的理想圣王的左右臂膀。儒者的这种主动承担的精神，也正是中华民族两千年来文明与文化以及民族血脉得以维系不断的真正力量的来源。因为不论家国如何艰难，时局如何危难，愈是艰困的时候，愈是有儒者挺身而出以承担天下，不需君王任命，不需国家的褒扬，只要是有良知的血性知识分子，就会出面承担。这正是儒者的特质，也是儒家的角色。然而，在法家的眼中，法、术、势才是最重要的治国御下之道。

三、法家特质

以《韩非子》书为主的法家价值，重视法、术、势，而不重道德品格。可以说法家决断于战争攻伐，聚焦君王的强势领导，所重视的价值几乎皆与儒家对立。那么，它的合理性在哪里呢？笔者以为，它的合理性在于洞悉人性之恶，以及战争的残酷。以此为基础，法家建构出以富国强兵、巩固君权为主的治国思想。

（一）强调领导者要牢牢掌握权力，因为势重于山

法家重势，势也者，权在上而万民俯受之。于是，谁掌握了权势，谁就能影响天下，盛用之，称霸天下，一统江山，若罢其势，则身死国亡。国君就是一国之中权势最高的掌握者，于是，亲人欲夺其王位，大臣欲夺其权势，国君若是不懂得守住自己的权势，不仅无法有效调动国家资源，更可能自己受制于人，甚至丧失生命，因此保住君位其实是国君第一大要务。君权不保，身命受到威胁，谈何治国？谈何富国强兵？至于君王守势之道，就在善用法术。法、术、势是法家之所重，法与术人皆可为，但势就只有得君位者能有之，法家重之，关键在于法家思考的就是权力的取得与使用的问题。对儒家而言，对权势是看不上眼里的，“昔者鲁缪公无人乎子思之侧，则不能安子思”（《孟子·公孙丑下》），“说大人，则藐之，勿视其巍巍然。堂高数仞，榱题数尺，我得志，弗为也。食前方丈，侍妾数百人，我得志，弗为也。般乐饮酒，驱骋田猎，后车千乘，我得志，弗为也。在彼者，皆我所不为也；在我者，皆古之制也。吾何畏彼哉？”（《孟子·尽心下》）凡此皆说明，儒家忽略了权势之重，只重价值理想，轻视现实利害。其得乎？其失乎？

（二）强调管理人事与政策要重视法治，并辅以循名责实

法家重法，法者悬于上而众共守之，众共守之则法令通行，君民一齐则国力跃升。法者还有公共政策之意在，国家的政策，由大臣提出，君王“循名责实”，办成了大赏，失败了重罚，则政策必可落实。但若是成而不赏，其他人便不再尽心办事；败而不罚，其他人则更是有样学样，不必认真干活了。所以，法者除了政令宣达于上之外，法的运用，必须媒之以赏罚二柄，不能赏罚，徒法不能顺成，权势不能发挥，君权也就失灵了。可以说，法家看清楚国君是法律、法令及政策的最后一道防线，君王自己不要求、不落实，则如何要求臣下守法重法呢？而一个不重视法令、不执行法规的国家，如何强大兴盛呢？内部的腐化就可以致命了，何需敌人来夺？就此而言，不能说儒家不要法治，只是儒家更为重视君臣的品德操守，希望透过德性教育，使人民“有耻且格”。儒家认为，一切依赖法令的话，只能“民免而无耻”了。但法家不依赖德性，而是依赖臣下百姓畏法而不敢为乱，这就是重法思想。

（三）强调法与势的运用，要结合现实，随机应变，以为有术之士

重势守法就是有术，韩非不止一次地说自己这种人就是“有术之士”，就是有治国之术的知识分子，当然，术的概念不只是法治而已，还包括各种临危应变的策略，《韩非子》中《说林》《内储》《外储》诸篇，就是从古到今所有术士应变的策略

大全，整理成篇，以待谋士领略要旨。然而，“有术之士”只是有治国之术的知识分子，就韩非本人而言，却未必有机会操作使用，莫怪乎他时常讲有术之士不能得君王的信任及重用，关键就是韩非所讲的术是战略攻防之术、外交纵横之术、君王御下之术，独独缺少了有术之士自己如何晋升掌权之术。而现实是，君王身边多权臣及奸小，而法家仍是理想浓厚的知识分子，在这点上差不多和儒者一样了，只能待价而沽，却不能掌握青云之道，没有为自己设想晋升之阶，依然是有待君王自己的清醒。可以说法家人物性格刚烈，其知识分子孤傲的特质，比起儒者，甚至有过之而无不及，因此，若不能辅之以道家的圆融，亦将无有救国拯民的机会。

（四）不依赖个人品德操守，不依赖个人亲力亲为，视人性皆为利益而来，认为以利相诱无事不成

韩非在论述法家的思想时，认为君王选派官员的原则，不看官员的品德操守，而是看他自身的能力条件；对于官员的管理，不依赖官员的道德自律，而是依赖君王的赏罚二柄；至于官员治理国家的原则，不依赖个人亲力亲为的奉献，而是悬法令于上，众人务相守；君臣之间的关系，建立在利益之上，君臣之间就是利害关系的结盟而已，因此赏罚二柄的御下之术就是最必要的原则了。这一部分的立场真可以说就是最对立于儒家的了。这一部分的讨论多见于《韩非子》中《难》之诸篇。当然，衡诸史实及人性观察，韩非所说为是，但是赏罚之术就真能一劳永逸、长治久安、富国强兵吗？纠下于乱纪之时，拨乱于大难之际，诱之以利、威之以害，确能成一时之功业，不可否认，但人心向背，需常无以观其妙，就长久言，徒法是不足以贞定于恒久的。

四、儒家的不足

儒法皆有其特色，但也皆有其不足之处，本节讨论儒家的不足，以便见出法家对儒家的功用。

（一）人才培养旷时久远，临时应变需非常之才

儒家培育人才，重视德性及治国方略，至于应变之道，便少谈及，而于名物度数之知，则认为德性纯熟之后，这类知识自然会去了解的，王阳明就是这样的态度立场。治国依靠人才，也依靠教育培养人才，更依靠教育教化人民使之成孝悌忠信之民。孟子就认为儒者能教育子弟使其孝悌忠信，就是他们对国家社会最大的贡献，此诚其然，贡献确实巨大，整个国家的人民皆是守礼好学之士，国家岂能不强大？文明岂能不丰盛至极？然而，治国的人才难得，培养守法好礼的百姓也非一蹴可及。一旦国家衰败，兵临城下，治安混乱，人心动荡，这也非儒者的乐见，然而，无严刑重法及严格御下之术，危局是不可挽回的，看王阳明于惩治盗匪时的连坐法，岂非法术？其与宁王两军对峙时的退后者斩之军法，岂非严刑？借由教育而无盗贼乱臣是儒家的终极理想，但时代隳堕而有盗贼乱臣时，没有法家治术，儒者又如何挽狂澜于既倒？更有甚者，若非时代板荡，大厦将倾，何来儒者掌握军权、治权、资源而能成其中流砥柱

呢？儒者想透过人格教育，建设长治久安的社会，但天下太平时，儒者总被奸小排挤，只有天下大乱需要英雄救治的时候，才有儒者上场的机会。孔孟皆辞官于国家非处于战争之时期，其实就是没有机会终掌大权，但最后成为万古不可或缺的思想巨人，诚圣贤之典范，非常人之所能及。至于秦汉以后千千万万在朝为官的儒者是不可以轻易辞官的，他们往往待在官场上奋战到生命的最后，越有才华者越无法脱身。既然无法脱身，那就等待机会大显身手，而机会总是在乱世中才会有的。拨乱反正，正是儒者尚有可为之事，孔子不也说先庶之、再富之、再教之的话吗？不戡乱成治，完成庶、富，如何教育培养呢？但，不与君王权臣周旋，又如何掌握权柄呢？儒家强调教育，绝对是正大光明之道路，指的是教育百姓，使其成为礼教文明下的国民，但是儒者自己要掌握教化的权柄，就不能局限于此。因为有太多他们未及考虑或不能解决的问题在，这些，只有融会了法家和道家才能把话说清楚，也才有办法处理。

（二）道德操守严明，对治奸邪无术

“严于律己，宽以待人”，“操守要严明，不可激烈”，凡此种种，都是儒者自我要求的德性之道，面对个人利害冲突的时候，儒者都是自己退让，甚至面对他人为恶时，也是讲究婉言相劝，而非纠举示众、惩之以罚，这是因为，儒者始终相信人性之善，总是以教育者的姿态在面对世人，总想以自己的德性感化恶徒。然而，孟子所言恻隐、羞恶、辞让、是非之四端心中，其中的“是非之心”指的就是“公是公非”，面对众人之

是非，面对家国天下之大是大非，即便是儒者，也不可不挺身而出，主持正义，济弱扶倾，惩治奸邪。但是，就在微恶筑成大奸的过程中，就在“浸润之谮，肤受之愬”的处境中，儒者的方案仍是律己而不是责人，于是错过时机，铸成大祸，奸邪势力茁壮，儒者只能“我为鱼肉”了。也就是说，儒者对现实上的人性之恶，处置的办法太少，连庄子都明说了：“美成在久，恶成不及改。”儒家不务于改恶，却戮力于美成，这就是对治奸邪无术，任其掠夺资源、残害忠良，待其羽翼既熟，奸人自己撕开了邪恶的真面目时，儒者早已经沦为阶下囚了。对治奸邪，必须有术。而法家御下之术，严刑重罚之治，岂非对治于此？宜有所重，宜为所能矣。简单地说，就是人性固然可以是儒家所说的先天是善的，但人会为恶，对治必须惩治的恶人恶事，特别是属于为恶于社会、大众、国家天下时，孔孟的理论谈得太少，重视程度不够。儒者要惩奸，就必须向法家的学说找道理了。

（三）平时久安有术，战时杀伐无断

儒者追求国家长治久安的目标，以孝悌忠信教化人民，以行仁政、爱百姓期勉君王，以协助君王治理国家为自我期许，确乎大中至正之良法。然而，诚如庄子所说“世蕲乎乱”，在面对乱世的时局，似乎孔孟亦无良方了，只好诉诸教育以待来世，但此举诚过于消极，也非所有的儒者在面对世局时都能采取的方案。方案为何？自是术有多端，但方向是一定的，那就是戡乱止恶、恢复秩序。此事，或需以战争为之，或需以惩罚为之，

不是兵法就是治术，这都不是仁义道德之教能直接面对的问题，因此，儒者需要法术，需要兵法，否则乱局纷至，儒者岂能束手无策？儒学诚天道大法，但现实处境残酷，儒学等于没谈，处置多是无能为力，只懂儒学的儒生就应付不来了。王阳明就熟读兵法，这才是他能剿匪治军的原因。

五、法家的不足

法家重法，但法治仍有所不及之处。

（一）上位者不信任属下、不爱护属下，只以功劳能力决定重用的程度，寡恩不足以得效死之臣

法家徒重法治，上下之间缺乏感情的维系，至少不以此为经营的重点。当然，有了感情可能导致身边的人违法难惩，但缺乏感情，以利相交，最终君王有危难时，无人施救，无人效死，这也是重大的不足。关键是没有忠爱之心，而忠爱之心是个人的品德，是教化培养以及亲爱臣下所致。《韩非子》论证“爱臣”的缺点，以为臣下坐大，必夺君权，力量更强大之后，便弑国君。但儒家的教育就在忠孝仁爱信义和平，个人品德有了，国君爱臣下，必定君臣一心，共度艰难。法家之所论，必在局面已经控制，君王大权在握，内外无乱的承平之时，为了继续建设及富强，用人唯才，而不论其德。但天有不测风云，人有旦夕祸福，国有大危将至，没有忠爱的臣下，对国君自己而言，一样是危机重重的。

（二）下位者视自己为工具性人才，如何跻身高层亦非所论，空有治国之术没有晋升之阶

依《韩非子》中之所述，法家为有术之士，但仍遭厄于权臣小人奸佞之徒而不得面王受命，由此看来，这是依韩非自己的亲身遭遇而说的，就他的理论世界中的法、术、势而言，说的都是君王必具的能力与方法，而不是臣下自己的进退之道。就个人进退之道而言，法家思考得最少，儒家次之，道家就不同了，道家对个人进退看得最透彻，庄子根本不主张入仕为官，老子则主张知所进退、谦下守弱，已知不可为时即后退一步，若有可为，必谦下无为，与人为善，以“善有果而已”成就事业。这些都不是法家头脑中的智慧，因此有术之士还是会困于无权，这是法家不通人情世故的缺点之显现。

六、儒以法补

经由以上分析，儒法皆有缺点，且可互相补足，以下从儒的角度论之。

（一）对治奸邪必用重法

对治艰难困苦的局面之时，同时又有奸佞乱政之时，国家危在旦夕，此时非讲教育之时，而是必须采取立即性措施以挽危亡之际，那就是要动用刑罚，惩治罪犯，当然，动用刑罚必须在自己还有权位之时。若是平日徒以感化教育为务，小人早知与你不同道，通过蒙蔽君王，早早让你远离中央朝廷了，则儒者君子也不会有机会惩治罪犯。关键还是看君王，君王重用

什么人，说明了他自己的格局。假使儒家的君子早得君王信赖，在有可为之际，在有权力可以屏退小人、惩罚恶人之时，就不能还是抱持教育感化之心，必须立即铲除小人恶人，因为国家大政瞬息万变，国际局势一夕数变，没有那么多的时间等待教化，教化前要先撤除恶徒的权柄，不能使其有机会见缝插针，这是儒者为国爱民必须建立的重要治国信念。对百姓及青年要施予教化，但于为官者要严予统御。

（二）面对征战必用兵法

有明一朝多有儒生臣子上场杀敌战功显赫之事迹，王阳明就是最佳显例，他从小研习兵法，本来想依此建立赫赫事业，后来有了良知教后，竟然兵法之运用更加出神入化，欺敌之术可谓神出鬼没，刀兵未动，却在政治作战方面已占尽先机。然而一旦两军交锋，王阳明对待士兵仍是最严厉的军法治理，临阵退逃者斩，没有一丝犹豫，否则战局崩溃，无从收拾，便无至今奉为圣人的阳明名号了。教育诚恒久事业，所以阳明一边用兵一边讲学，而不是以讲学废军务。天将降大任于斯人也，必是艰难险困诸方并击的，作为大臣，不一定有可以信赖依托的君王，不一定遇到蒸蒸日上的政局，教育是每天要做的事，但眼前棘手紧急的政务军务更多，不是守住图书馆、教学楼、研究室就是治国，而是同时要能运筹帷幄、决胜千里。

七、法以儒补

法家看到国家灭亡的近因，图思富强之术，儒家看到覆亡的远因，提出釜底抽薪的方略，都是爱国爱民的知识分子心声，儒有必须向法学习的要点，法也有应该向儒学习的课题。以下，谈法家应该补上的儒家功课。

（一）不废法治，重视教育

法令固然要伸张，犯罪一定要惩罚，但教育之功不可免，而且要全面地、持久地、不间断地执行，而所谓的教育，就是儒家的成人之学，亦即以品德教育为经，以治国之知为纬。在无人可选的危急之时，固然以能力为尚，但若有人品高洁之士，更宜委予重任。

（二）缺乏忠心，法令徒具

臣子忠于国君与国家是国君之福，但国君不能以德化人、行爱民之治，又如何能得臣民的忠心呢？此事孟子已言之明白，因此对国君用人的建议，不能只重能力，也不能只顾品德，而是品学兼优、德才兼备，否则徒有御下之术，却无忠爱之臣，国君如何治国强国？

八、《人物志》的儒法并重

中国古代的人事管理宝典《人物志》书中就结合了儒、法甚至道家治术的精粹，强调了许多关键又重要的核心价值观，以为治国之需。

（一）清洁家、法家、术家并重

《人物志·流业》篇举出十二种朝臣的类型，其中基本型三型，在法家、术家之外还有清洁家，若能一人兼具三型，便是国体之臣，亦即可为宰相的人才。这就说明了，要有行政管理长才的法家，还要有出谋划策的术家，更要有能以德服人的道德家、清洁家，这才是稳住国体的真正栋梁之材。这三种类型，凝聚了儒家、法家、兵家学术的精华。

（二）爱敬并重

《人物志·八观》篇，提到了八种看人才的角度，其中能用人待人的大臣之才，是必须对属下爱敬并重的。有爱，部属会效忠效死；有敬，部属会遵守法纪。这样才能带出一个强大的团队。

（三）主上无为，臣下效命

《人物志·材能》篇指出，领导者以决断政策和任用人事为其职责，事情要让臣下去办。主以听为能，臣以言为能；主以赏罚为事，臣以尽责为务，这样才是君臣正确的角色扮演。而这又是道家的智慧所在。

九、道家对儒法的补充

在中国政治哲学的光谱中，除了儒法两家之外还有道家，儒法两家就是最入世的世间法，道家出世得多，但也不仅限于出世。庄子是出世间法，老子是入世哲学，两人都有对于有理想、有抱负的儒法两家极有贡献的处世智慧。

（一）庄子看破世局，飘然求去

道家对儒法之士的提醒与贡献，首先就是庄子的智慧，庄子的政治思想中，已经完全放弃对君王的信赖以及对人性的肯定，“世蕲乎乱，孰弊弊焉以天下为事”，追求个人超越技艺的成就，因此对政治绝不涉入，就算主政，也是放任政治，因此庄子政治哲学非此所论。但是，庄子对世局的认识，确有可为儒法两家吸收之长处在，那就是先看破，看破人性，看破处理众人之事的政治，看清楚政治事务中的人心之恶，以及理想之难为。看破了自己就放下了，如果时遇所在，有机会上位任职，则处置的态度就会大有不同：从人性出发，不求过高的理想，但求手边爱民的事业能够遂行。甚至，能够以他不求名不求利但求宽心舒适的心态，化解政客的揪心，“以无厚入有间”，悠游其中，让朝堂减少暴戾纷争之气。有了这样的心理素养，才可进而追求治理天下的实效。

（二）老子无为而无不为

老子和庄子不同，“取天下常以无事”、“天下莫能与之争”都说明了老子哲学是有术之士的哲学，就是已经站上高位且有权责在身的臣子，对于治国、待人、处事的智慧。道家老子对儒法两家的补充，就是看清人性的贪婪多欲。君王多欲且无能，权臣好胜且颟顸，奸佞贪鄙而无耻，君子如何在朝为官？只有让利，人皆为利而来，这是韩非的卓见，但他建议君王与臣下以利相约，这也不坏，但是君王对于能臣之功常常能罚而不能赏，对于佞臣之过常常能赏而不能罚。朝堂之上人心狡诈，老子的智慧就是让利，让利于权臣，使其弄权之术不施于己；让利于佞臣，使其谗进之言不施于己；高举君王的功业德行，使其好妒忌才之念不施于己。保住自己的权位，实事求是地为百姓干活，事业有成，人民受益。若是事业不济，百姓就受苦了。法家的法治之术固有奇效迅捷之势，但若无君王的信任、权佞的配合，亦无从落实有效，唯有搞定上下众人，才能有权做事。一旦做事，亦不求功业太盛，逐步缓进，不惊扰睡狮才是上策。这是老子“损之又损，以至无为，无为而无不为”的治国之道，关键在于处理人事。

（三）黄老道家不依赖君王，而依赖治术

黄老政治在中国文化传统中由来已久，既有法家的法治精神，又有儒家的爱民之德，更有老庄的治国心术，以及养身之法，这是中国文化传统中最成熟的政治哲学。从《黄帝四经》《管子》到《吕氏春秋》，已经吸收了中国知识分子思考政治问题的大要精粹，问题只是，儒者巨大的德性身影，往往忽略了面对现实艰难的耳提面命，而法家热切救国的急功之心，又忘记了自己同国君一样身处危险，一唱德治一唱法治，都忘记了自己身心性命的安危。固然德治也对，法治也对，但权柄不在己身而能行理想之实，世所未见。黄老政治正是在这些复杂的众多因素中找到了大臣处世治国的进退之道，关键就是对人性

之恶看得比儒法两家更透彻。不依赖君王的德性，不希冀权臣的善意，不幻想佞臣的真心，只依靠自己的智慧，肆应多方，真儒法二家宜有之心术。试观古来朝中掌权的能臣，伊尹、管仲、百里奚、晏婴等，不高己德，不耀事功，忠心为国，成就事业，岂非儒法两家宜为效习的典范？

十、结论：大国管理

古代中国，幅员辽阔，即便是邹、鲁、韩等小国，亦是看着周王室的天下版图而思有以治国奋进的。儒法两家的人物，出于大小不同的诸侯之国，都是爱民爱国的知识分子，只是方略不同，但只要能够不无限上纲自己的思想重点，不强烈反对它家之思想，而能够与时俱进，审时度势，面对现实，经略天下，便都能是治国的好人才。若只是将书房里的理论无限扩充，反而成了迂腐冬烘之人。

就法家言，法家关切君王一人的知能，法、术、势皆为君王所用，但是，国君毕竟只是一个人，精力有限，因此需赖人才，而人才实以品德为尚。此外，就法家言，国家毕竟广土众民，政令下达层层交付，容易中断精神，徒剩形式，因此必须有公忠体国的忠臣护持，法令才能盛行，而这些，都是儒家所重的德性教育才能获得的。

就儒家言，国是如麻，人心叵测，有过必罚能遏止事态扩大，故须重法。而且，战争攻伐，固宜避免，一旦临事，不能无兵法术数以图胜战，故需重兵重法。

就儒法言，毕竟在群狼之间周旋，个人进退，没有道术，必自受伤，固宜有道家老庄的智慧护身。

综上所论，儒法皆不必坚持己见，批判他教，而是应该互相学习，再济之以道家的智慧谋略，则知识分子救国有术，个人福报可享。

第九章　论法家的基本原理及其与儒道的辨证与汲取*

韩非著《韩非子》书，世谓集法家思想之大成，以法术势三个原则定之，实际上，首先是势，也就是君王的权势。韩非认为国家衰弱的根本原因，就是国君无势，大臣夺权，只顾私家之利益，于是国弱兵疲，只能等待被瓜分或被歼灭。国君要有权势，就需要有御下之道，关键是行法，统一各种事物的做法，并附之以严格的赏罚。赏罚二柄在手，这是术，国君就有了虎豹之势，而臣下人民只能听命于他，则一事权，统百官，摄国力，便无畏于强邻环伺了。《韩非子》书中有不少对儒家的批评，但笔者认为，法家对儒家的批评，都是因为概念上的错置与误用，假仁假义假贤假儒者多，但不能以现实上的伪儒以为真儒者与真儒学而批判之，儒法两家都是国之利器，必须互

---

* 本文为参加华北电力大学举办之《“传统文化的传承与创新”国际学术研讨会》而作，2018 年 5 月 11 ~ 13 日，北京。

为融通。《韩非子》书中有对老子的吸收，事实上，道法两家性格不同，法依君王说，道依臣下说，君王之“无为”为不显露己意之隐匿之举，老子之“无为”为不驰骋私欲而关爱众人以团结人心而成就大事，实有别矣。儒法有正面冲突，但可实际融通。道家庄子与法家绝对背道而驰，道家老子与法家也是性格不同，但可相融，史上有“黄老道家”，实际上是老子的臣下谦和之道，与法家的君王御下之道的结合，也就是把老子臣下的无为智慧，转化为法家君王的无为之术，是为道法家。可惜，历史上的韩非，对于真有黄老智慧的政治家行径反而不契，对于伪儒又多批判，因此行文中显出了许多有待商榷的观点，本文则一一予以澄清。

一、前言

韩非所著《韩非子》书，集法家思想之大成，通常以法、术、势三个概念代表的纲领说之，本文之作，企图落实这三个概念所代表的观念意旨，借由一定的文本解读以及问题讨论，将其明晰化。在这个过程中，法家与黄老道家有千丝万缕的关系，与儒家又几乎势成水火，本文之作，亦将针对法家与儒道两家在观念立场上的关系进行讨论。以上，不论是文本解读还是学派对比，都是环绕《韩非子》书中的法家观点而做。笔者的基本立场是，韩非言法、术、势三点，首先为势，势者君王之威势，不可旁落。其次为法，一天下之虑，借之以赏罚二柄。二柄者术也，而术则是包括一切帝王御下之术以及外交攻防征战之术，而其中最关键的还是帝王御下之术。术中还包括不可让臣下测知帝王心思之无为之术，这就进入了黄老道家，其实只是借由老子的概念术语而说得是法家君王御下之术的观点而已，并非真的老子有此思想。至于儒家与法家的冲突，根本上是概念没有厘清所致，问题不同，重点不同，刻意制造的意见对立理当消除。消解之后，儒家、道家、法家都应该是中国政治哲学中的优良思想，都应该运用。

二、《韩非子》各篇章要旨及其与法术势的关系

要了解韩非著书是如何集法家思想之大成，宜先针对《韩非子》书中各篇章主旨做一解析，则其意旨所重尽现其中。《韩非子》专书，历来几种版本中，有篇章次序不一之现象，书中原文亦有许多考订上的异同，以下，借由《新译韩非子》书中章节次序为之①。

首先，卷一有《初见秦》《存韩》两篇，主要处理说秦王之事，与法家思想主题关系较少，暂不论。《难言》篇，隐喻自己的处境，以及向君王分析大臣难言之实况，实际上，从这篇文章中就可以看出，韩非不谙官场逻辑，缺乏隐匿自己藏身政坛的阴柔身段，满腔爱国的热情，满腹治国的策术，却苦于不能面君尽言，实际上跟儒家知识分子的状态差不了多少。韩非言术，跃然纸上，自己却未必能操作运用，实知识分子个性使然。关键就是，韩非整理的典籍中充满了兵法之术、臣下之术，

---

① 《新译韩非子》，赖炎元、傅武光注译，台湾三民书局印行，2013年11月修正。

以及君王之术，但是他所论的术，主要是为君王御下之势服务的君王御下之术，而这些东西又正好与权臣势如水火，这就是他的命运多舛的根本原因了。韩非自己不是国君，却深思力探国君御下之术，而忘记了作为臣下的自己保命侧身驰骋之术，莫怪乎身遭刑戮，留下一幕历史的悲剧。

《爱臣》篇，讲大臣太贵，则危君王，“爱臣太亲，必危其身；人臣太贵，必易主位……是故诸侯之博大，天子之害也；群臣之太富，君主之败也。”本篇一是强调君王之势不可分割，故是重势思想，同时也说明，君王必须有驾驭臣下之道，故是重术之思想，文中也提出了不少君王对臣下禁邪之道。

《主道》篇讲君王御下之术，“明君无为于上，群臣竦惧乎下”。对付群臣，“散其党，收其余，闭其门，夺其辅，国乃无虎”。总之，君王勿现其欲，免臣测知，勿现其能，由臣自现，以此掌握臣下之效忠而不敢犯难，从而巩固君权。

《有度》篇重法，亦是以法为术、以术守势之文，开题言“国无常强，无常弱。奉法者强，则国强；奉法者弱，则国弱”，即重法之谈，文末言：“故以法治国，举措而已矣。法不阿贵，绳不挠曲。法之所加，智者弗能辞，勇者弗敢争。刑过不避大臣，赏善不遗匹夫。故矫上之失，诘下之邪，治乱决缪，绌羡[①]齐非，一民之轨，莫如法。厉官威民[②]，退淫殆，止诈伪，莫如

① 绌羡，过多者减之。

② 厉官威民，国君整饬官箴威吓百姓。

刑。刑重则不敢以贵易贱①，法审则上尊而不侵，上尊而不侵，则主强而守要，故先王贵之而传之。人主释法而用私，则上下不别矣。”严刑重罚以维护法令，则国主安而国家治，等于是以法为术了。但是，法纪之荡然，首先是君威之瓜分，其次是人主之私意，此两者，都需要君王自己的意志决断不可，君王自己不能忍住私意欲望，就是自己败法。一旦奸臣夺了君权，私法利家而国主危时，国君如何夺回其权势？此事，韩非几乎从未明言，可见权力争斗之事，尚未真正进入韩非脑中，不过，这仍不妨碍重法思想的合理性，只是，重法与重德仍有一辩，但是笔者以为，都须依据个别具体情况而论，法一统万必有不及细节之失，德重修己必有救助法失之处，此事，本文尚未触及。

《二柄》篇是用法之凭借，等于是施行法令的技术，“明主之所导制其臣者，二柄而已矣。二柄者，刑、德也。何谓刑德？曰：杀戮之谓刑，庆赏之谓德。为人臣者畏诛罚而利庆赏，故人主自用其刑德，则群臣畏其威而归其利矣”。此处所谓德，不过就是赏，并非儒家修己以德之德，守法之道，在明赏罚，此君王治国之具，臣下则不然，“故世之奸臣则不然，所恶，则能得之其主而罪之，所爱，则能得之其主而赏之。今人主非使赏罚之威利出于己也，听其臣而行其赏罚，则一国之人皆畏其臣而易其君，归其臣而去其君矣，此人主失刑德之患也”。此说指向臣下夺了施法治民之权，实际上讲的是重势的思想了，势不

① 易贱，轻视地位低下的人。

可失，君失治法之权，等于虎失其爪，则国主危矣。所以御下之道，在赏罚二柄，甚至，公共政策也不必自己提出意见，只须让臣下自己提出，效验之以赏罚即可。“人主将欲禁奸，则审合刑名者，言与事也。为人臣者陈而言，君以其言授之事，专以其事责其功。功当其事，事当其言，则赏；功不当其事，事不当其言，则罚。故群臣其言大而功小者则罚，非罚小功也，罚功不当名也。群臣其言小而功大者亦罚，非不说于大功也，以为不当名也，害甚于有大功，故罚。”此“循名责实”之法，与“君匿其欲”之法，则与黄老道家的治术一致了，后者即是“无为”，但已不是老子“无为”之无私欲的意旨了，而是黄老道家，亦即被法家转化的道家的隐匿君王意志的“无为”意旨了。“循名责实”也是黄老道家“无为”的治术，一切责成于臣下，只借赏罚御之即可。配合“循名责实”，则是反对任贤妄举，“人主有二患：任贤，则臣将乘于贤，以劫其君；妄举，则事沮不胜。故人主好贤，则群臣饰行以要君欲，则是群臣之情不效；群臣之情不效，则人主无以异其臣①矣”。

韩非之意，孰贤非贤，此非君王圣智所需费心之事，且中人之君常不辨贤否，若以为贤则举之，便成为妄举。若想避免此过，非“循名责实”不可，诚其言也。关键就是，人智有限，不必自恃眼光独到，而是借由按部就班的考核，一步步升官重用，这样，中人之君就可以把国家管理得很好了。可见，中人未必中人，更可能是大智之人，只是不妄用私智臆测而已。中

---

① 异其臣，分辨臣子的好坏之差别。

人之君是韩非一向所论之君王品格，只要按部就班用人，就能成就大治。然而，就算没有奸臣瓜分大权，而能独揽大局，则君王之以一己之好恶任贤举能之事，实不可免，虽妄举败事而悔恨不已，实已难挽矣。一旦大权旁落，任免之权亦不在己身矣，则中人才具之君，如何夺回政权？韩非无术矣。可以说，国家一旦积数朝之弱主，则国分于家已难挽回，如周天子，如晋国六家，如姜齐之末，如鲁之三桓，此事，就连《论语》中的孔子也屡屡言之。韩非徒叹其哀，已无济术矣。故中人之君之论可废矣。关键是，能按部就班选用官员就是上智之君，能于权柄被瓜分后重掌政权更是上智之君，能在大权独揽之际还不纵欲辱国更是上智之君，韩非所说的中人之君，只能说是不任意妄为、自以为圣智之人者，但笔者以为，此人之为君，能不标榜己智，则不仅为中人之君，实际上已是上智之圣君。

《扬搉》篇，或为《扬权》，文气不同于他篇，或非本人之作。但意旨尚同，主要还是御下之术，而且是黄老之道术，主上无为匿情而赏罚御下，否则，“主上不神，下将有因”，“主失其神，虎随其后”，必“主施其法，大虎将怯；主施其刑，大虎自宁。法刑苟信，虎化为人，复反其真”。文末言“为人君者，数披其木”。其木则是臣下、公子、宗室等等，告诫君王要不时地铲除这些臣子的权势，不可使其过重，这都是重势的立场，做法上则是御下之术的申说。

《八奸》篇讲臣下向君王夺权之术，防治之道即是君王的御下之术，“凡人臣之所道成奸者有八术：一曰在同床。……二曰在旁。……三曰父兄。……四曰养殃。……五曰民萌。……六曰流行。……七曰威强。……八曰四方。……凡此八者，人臣之所以道成奸，世主所以壅劫，失其所有也，不可不察焉”。以上八种臣下盗权之术，韩非言之精辟，对于君王防治之术，亦皆肺腑有道之言。亦即君王若尚在位掌权，则须用此防治之术，然而，八奸乖戾，除非国君为英明上人之资，孰能避之？故能成明君，守位保国，进而富国强兵者，非上人之资不可矣。关键在于自己要克制欲望，否则必为旁人夺权而不知；其次在于智慧明达，对人心了如指掌；第三在于意志坚定，不犯错误。如若君权已被劫夺，则难追回矣。总之，本章非常实用，即便在今日之社会，亦十分有可以借鉴之处。

《十过》篇举出十种君王可能常犯的错误，以提醒君王不要犯错，导致亡国，可见韩非念兹在兹关切的都是君王守位保国的事情，十过包括：“一曰行小忠则大忠之贼也。二曰顾小利则大利之残也。三曰行僻自用，无礼诸侯，则亡身之至也。四曰不务听治而好五音，则穷身之事也。五曰贪愎喜利则灭国杀身之本也。六曰耽于女乐，不顾国政，则亡国之祸也。七曰离内远游而忽于谏士，则危身之道也。八曰过而不听于忠臣，而独行其意，则灭高名为人笑之始也。九曰内不量力，外恃诸侯，则削国之患也。十曰小无礼，不用谏臣，则绝世之势也。”十过之文，有些地方文体过于铺排，好音一节所述无据，有违韩非实事求是的原则，又，不听忠臣一节，立场与《难一》相反。《难一》力驳忠臣的功效，而此章此节则强调不听忠臣之过，笔者以为，《难一》确实符合法家立场，但是言之过头，推论过甚，反而失之轻浮。《十过》之文，却篇篇都是佳作，不仅值得一读，更宜由君王理解并守护。总之，《十过》记取历史教训，都是给君王上课的佳作。与《八奸》相同，皆为君王之教育培养而做。

第四卷《孤愤》篇说法术之士，也说权臣、重臣、当途之人，亦即抢夺君权之人，此二类人，势如水火，“智术之士，必远见而明察，不明察不能烛私；能法之士，必强毅而劲直，不劲直不能矫奸。人臣循令而从事，案法而治官，非所谓重人也。重人也者，无令而擅为，亏法以利私，耗国以便家，力能得其君，此所为重人也。智术之士，明察听用，且烛重人之阴情；能法之士，劲直听用，且矫重人之奸行。故智术能法之士用，则贵重之臣必在绳之外矣。是智法之士与当途之人，不可两存之仇也”。法术之士与当途之臣，既然立场互相对立，而权臣又多君王的公子宗室，掌握种种资源上的优势，故有五胜也，因此，“法术之士焉得不危?”若非君王自己明智坚毅，否则法术之士无能逃于权臣之奸术。文首指出，法术之士需要有明达之智与坚毅之志，否则无以用术行法，实际上，君王更需此种品德，正因为缺乏此种品格，所以让近臣、宗士、公子夺去大权，也造成像韩非这般法术之士遭受刑戮。笔者看来，韩非等法术之士，简直就是儒家的忠臣，宜于遇权臣而遭害，关键就是人主不明：“万乘之患，大臣太重；千乘之患，左右太信；此人主之所公患也。且人臣有大罪，人主有大失。臣主之利，与相异者也。”而人主之不明，主要就是为左右所挟，势为瓜分矣，则不仅自危，亦危法术之士。

其实，韩非忽略了两件事，法术之士为何不好成为当途、重人呢？显然是重德之结果，虽然法家不主张授官以德，但法术之士一心为国为君为民而不为家为私，这就是儒家有德者的具体形象。因此论于政治管理，不可忽略重德。其二，此处韩非明指君王有大失，就是不能明奸禁制却又多欲无能，结果权为人夺，而韩非之类的有术之士便遭受欺凌排挤了。本篇之愤，指的就是法术之士，像韩非这种人，就会有愤，因为没有机会登上舞台。至于像商鞅、张仪、苏秦等知识分子，能登上政治舞台都非常不容易。笔者以为，法家必须将道家老子的智慧运用进来，才可能登上政治舞台。而韩非没有实际掌权过，只能是知识分子、历史名人，不像管仲、苏秦、张仪、商鞅等政治家。

韩非之愤，愤于权臣重人，国君之失，失于权臣重人。有时候，知识分子不能一味依赖国君之英明，如儒家者然，要不辞官，要不做小官，要不遭刑戮，都不能真正改变国家命运，能改变者，管仲之作为也，则其有道家老子智慧乃无疑也。法家之人，其法其术其势必须皆能知能行，而儒家爱民之念亦早系胸中，又有老子知所进退、让名让利之智巧，才能稳居高位，掌握实权，扭转国运，造福人民。如此，则国君为“中人之才”者可也，但，这不是光靠“中人之才”之国君能创造出来的局面，而是具备儒家的爱民胸怀、法家的治国策术、道家的潇洒豁达与无私让利之智者方能有为也，但这样的人是臣下，而非国君。因此，就臣下而言，若仅有法家策术，不愤奈何？因为没有机会在庸碌的君王面前站上政治舞台，则其心之孤愤与儒家狂者之心态又有何异？所以，韩非明于国君“御下之术”，却忽略了大臣、法术之士需有“跻身高层之术”、“臣下之术”、“忠臣之术”，这是他理论上尚有严重缺失而应补足之处。

《说难》篇从臣下的角度谈游说君王的困难，可以说是法术之士如何跻身政坛的自明之术，所说以获得重用、施展才华为目的。文中以百里奚和伊尹为例，自己的形象不重要，至于近君之后，言词上必须窥策心思，掌握情绪，了解私欲，明白利害，这就更是万分不易之事了。这一部分，就确实是韩非为法术之士如何掌权得势的技术之论了，不过，这指的是近君之后，且近的还算是明君，一旦有强权重人横阻于前，如何与之委蛇、转进得势之术，依然未言。但是，这一部分的技术言谈，已经十分珍贵了。关键就是，必须加上道家老子的智慧，也就是懂得退让一些外在的名声，这是因为，掌权者必为好猜疑、好名、多欲、暴戾之人，一旦近身相处，得以面君说谈时，伴君如伴虎，真正不易，要十分小心又非常聪明才可。还有，与权臣互动同样艰难，必须避其权势之欲。然而有时候，有术之士为了价值理想不能妥协，不是得罪君王，就是得罪权臣，则亦无站上政治舞台的机会了。这正是儒家常碰到的情况，法家有术之士依然，除非能够接受道家洗礼，才比较能够释怀。看来，对于韩非而言，过不了权臣、当途、重人这关，而暴戾、多欲、贪鄙、好名的国君并不成问题。他肯定了百里奚、伊尹的作风，以《说难》这篇文章之所述，面君对谈之难关，韩非已深知其中奥妙之术了。

《和氏》篇谈法术之士多有生命安全之虞，关键就是国君一旦施行法术，则对大臣、百姓的私利无益，但却对国家与国君的大利有益，“主用术则大臣不得擅断，近习不敢卖重；官行法则浮萌趋于耕农，而游士危于战陈。则法术者乃群臣士民之所祸也。人主非能倍大臣之议，越民萌之诽，独周乎道言也。则法术之士虽至死亡①，道必不论矣”。既然以法术治国，大臣不再能专擅，人民不再能安逸，全国的力量都调动起来为农战之事，故当其未行，人多自由，当其施行，不再自由，但是，国力陡升，能应战乱，能止国亡，利岂小哉？故为公益而止私利之法术之行，若非国君明智于上，坚定执行，则法术难行矣，而法术之士只能永远淹没于权臣之揽权与百姓之糜烂中了。由此再证，韩非脑中对于法术之士如何站上政治舞台之事，一如孔孟之望赖明君，而无自己之智术，若所言伊尹、百里奚求得君王重视的故事为真，则韩非缺乏此智矣。法术之士在权臣揽权以及君王不智的情况下，如何晋身高层之术，韩非理论并未涉及，因此，道家老子之智，法家是不具备的，如果能具备，就成了道法家，也就是黄老政治。就帝王之术而言，黄老道家的重点在君王隐匿其智，这是韩非言之甚夥的，也就是为君王计，韩非知道要使用黄老智能，但是就大臣之智而言，黄老道家的重点就是臣下的谦虚无为，这是伊尹、百里奚的大臣之智，韩非虽能言之，但自己未能做到。

《奸劫弑臣》篇，谈劫弑君王的奸臣，“夫奸臣得乘信幸之势以毁誉进退群臣者，人主非有术数以御之也，非参验以审之也，必将以曩之合己，信今之言，此幸臣之所以得欺主成私者

① 就算老死也没有机会陈言奉献。

也。故主必欺于上，而臣必重于下矣，此之谓擅主之臣”。国君智慧不及时，奸臣必定伪饰以符合己意，从而骗取信任，进而夺其大权，戮其忠良，这也是君王自己不能断然实行法术的结果，臣下结党取利，而国主危矣。至于法术之士则不然，“夫有术者之为人臣也，得效度数之言，上明主法，下困奸臣，以尊主安国者也。是以度数之言得效于前，则赏罚必用于后矣。人主诚明于圣人之术，而不苟于世俗之言，循名实而定是非，因参验而审言辞”。

如果国君能够重用有术之士，而有术之士能够施展才华，那么，我们将看到韩非的理想简直就是儒家的面貌：“而圣人者，审于是非之实，察于治乱之情也。故其治国也，正明法，陈严刑，将以救群生之乱，去天下之祸，使强不陵弱，众不暴寡，耆老得遂，幼孤得长，边境不侵，君臣相亲，父子相保，而无死亡系虏之患，此亦功之至厚者也。愚人不知，顾以为暴。愚者固欲治而恶其所以治，皆恶危而喜其所以危者。何以知之？夫严刑重罚者，民之所恶也，而国之所以治也；哀怜百姓、轻刑罚者，民之所喜，而国之所以危也。圣人为法国者，必逆于世，而顺于道德。知之者，同于义而异于俗；弗知之者，异于义而同于俗。天下知之者少，则义非矣。”这一段文字是少数韩非把法术之士的治国理想从人民利益的角度说出来的文字，笔者主张，重势以尊君，重法以强国，重术以御下，其结果必然是富国强兵，而富国强兵的结果，必然是百姓得利。至于得利的意旨，即如本文之所言，则其与孟子之言有何不同？法家与儒家之辩难，重在无功不赏，君以为贤者未必真贤，必验之以事、循名责实，而后授之以权柄，若主智黯弱，自许圣君，委权贤者，则必遭分权夺势身遭刑戮矣，是以不重贤人政治，而重法术政治。说明白，只是文字定义的问题，法家所反对的重贤政策，所指的贤人，只是愚君自以为的贤臣，但是，儒家所谓的圣贤君子，却是孔孟之徒，以仁义自居，受到长期的师友之教导培养，并自我约束，一心为国，决不叛主，鞠躬尽瘁者也。如此之贤人，岂能不用？因此，韩非反对贤治而主法治，关键只是主张发掘贤人之法宜有明订，需经“循名责实”之途，则其说与儒家不必冲突，实应互相为用。至于强大国力之途径，则是法治的管理，此诚其然。而儒家的德治，重在教育人民百姓以及知识分子，虽是旷日废时，然而一旦成功，却是收效宏大，非仅法治可比。总之，两相为用，不分高下，依时取势，审时度势，儒法并用，以德育人，以法摄人，圣智之治矣。

然而，此一美好的局面难以出现，关键是君主多半不行，其结果，法术之士就没有发挥才智的一天了，“处非道之位，被众口之谮，溺于当世之言，而欲当严天子而求安，几不亦难哉！此夫智士所以至死而不显于世者也。……则有术数者之为人也，固左右奸臣之所害，非明主弗能听也”。这等于说，《劫奸弑臣》不只奸臣劫弑君王，同样亦阻碍法术之士近身晋升展才了，理由就是国君被包围了，所以文末说“厉怜王”，君王常遭权臣控制，有能力之宗室亦不易被拥立为王，“谚曰：‘厉怜王①。’此不恭之言也。虽然，古无虚谚，不可不察也。此谓劫杀死亡之

① 厉怜王：麻风病患犹怜惜君王。

主言也。人主无法术以御其臣，虽长年而美材，大臣犹将得势擅事主断，而各为其私急。而恐父兄豪杰之士，借人主之力，以禁诛于己也，故弑贤长而立幼弱，废正嫡而立不义”。其实，此局之出现，表示君王之势早已为权臣所夺，则继位之君必为黯弱之主，实无力反抗，只能任人宰割，宗室中有能有才的人物，绝对被监视监禁甚至遭刑罚杀戮，这就是政治残酷的地方。国君已遭夺权的国家，怕是没救了，嗜欲之徒多求一己此生之利益，结果必定断送国家长久之利益。是故，法术之士不能只待明主，必须自己兴起，要不学管仲、晏婴有道家智巧者，而以大臣之位强国助君，要不就自任汤武以王天下，而不能永远只以知识分子有待明君的心态，仅能发为“孤愤”、“难言”之论，此韩非所论不足之处矣。

第五卷《亡征》篇谈能让国家灭亡的一些不当做法，列举了四十七种行为，国君若陷入这类行径之中，积渐既久，必亡其国，而有为之明君，乘他国之亡征，为之风雨摧残，则能兼并天下矣。“万乘之主，有能服术行法以为亡征之君风雨者，其兼天下不难矣。”本篇也是教育君王的材料汇编，其内涵总括法、术、势之救亡原理。

《三守》篇讨论国君治理臣下要注意的三项原则，重点是权柄不可丧失，要点在下情能上达，赏罚能做主，事务能自理。而臣下夺权的方法也有三项，重点是尽收其利而去其弊，关键在捆绑群臣，只听己令，这也就是说明国君之权已为其夺矣。此篇是重势思想下主张君权不能被瓜分之旨，针对此事，讨论保位守权之术。

《备内》篇告诫君王必须小心面对自己最亲近的家人，妻子、妃子、儿子、兄弟、宗室等等，因为自己的死亡对他们有利，“利君死者众，则人主危”。“故后妃、夫人、太子之党成而欲君之死也，君不死则势不重，情非憎君也，利在君之死也，故人主不可以不加心于利己死者”。这真是一记重棒，令人心寒，这也是最违背儒家思想的一幕，儒家重孝，教之以孝悌忠信之道，若教育有成，何能至此？今事已至此，也不能不刻意小心了。这是重势思想中的谆谆告诫，除了臣下之《八奸》三守，还有后宫妻子之君死有利，得无慎乎？再言之，中人之君能胜任乎？

《备内》后文谈如何防止臣下夺权之术，重点在于不要有太多劳役人民的事情，事多则奸臣借事夺利侵权，“徭役多则民苦，民苦则权势起，权势起则复除重①，复除重则贵人富，苦民以富贵人，起势以藉人臣，非天下长利也。故曰徭役少则民安，民安则下无重权，下无重权则权势灭，权势灭则德在上矣”。其实减少臣下乱政夺权之术是多方有术的，此说只是其中之一，关键在于国君自己好大喜功，大兴劳役，处置之际，臣下必从中夺利，等于君王自己予人可乘之机，其实事非不宜，只是御下之术不讲，处处被人劫权而已。

《南面》篇讲君王御下之术，首先讲不要利用彼此仇视的臣子互相监视对方，这会造成亲者结盟、仇者相诛，结果君王还是会被蒙蔽。有效统治的关键在“循名责实”，继以“赏罚”，

---

① 复除重，免除徭役的代价重。

臣子欲赏畏罚，则前言无敢不实，后行必收成效。治国之术唯依效果而言，不关乎是否改变古制。至于以法治国，一开始人民必然抗拒，但君王不可不坚定执行。可谓法、术皆论，术的部分讲具体条目，法的部分讲原则以及态度。这一切，还是为了保住君王权位之势。

《饰邪》是一篇重法思想的文章，要国家强大，首在重法治。本文先讲依赖卜筮之为祸，“龟策鬼神不足以举胜，左右背乡不足以专战。然而恃之，愚莫大焉”。其次讲依据他国的外力也不行，“故恃鬼神者慢于法，恃诸侯者危其国。……故恃人不足以广壤……此皆不明其法禁以治其国，恃外以灭其社稷者也”。那么如何依赖自己呢？当然就是以法治国，“臣故曰：明于治之数，则国虽小，富。赏罚敬信，民虽寡，强。赏罚无度，国虽大，兵弱者，地非其地，民非其民也。无地无民，尧、舜不能以王，三代不能以强”。“故曰：明法者强，慢法者弱。强弱如是其明矣，而世主弗为，国亡宜矣”。关键就是事权统一于君王，明赏罚，则国强，而非分力丧权于臣下者。至于法治如何操作的呢？法令的推出其实就是“循名责实”而已，君王也不劳费心，“明主使民饰于道之故，故佚而有功。释规而任巧，释法而任智，惑乱之道也。乱主使民饰于智，不知道之故，故劳而无功”。君王不必驰骋自己的私智，明赏罚，依法令，臣下治事自己承担责任，循名责实之后，事必办成。最后，韩非强调，君臣以计合，非为私义，“明主之道，必明于公私之分，明法制，去私恩。……私义行则乱，公义行则治，故公私有分。……君臣也者，以计合者也。至夫临难必死，尽智竭力，为法为之。故先王明赏以劝之，严刑以威之。赏刑明则民尽死，民尽死则兵强主尊。刑赏不察则民无功而求得，有罪而幸免，则兵弱主卑。故先王贤佐尽力竭智。故曰：公私不可不明，法禁不可不审，先王知之矣”。臣下效死非有情义，乃公职所在，至于公职，赏罚明确，故臣下皆愿利己利国。

此处即有儒法之辩，儒家重仁义，重道德人格，重个人荣誉，不认为自己为功利而来，儒有人品，讲道德，不违法，故罚不足以加之，但赏亦不足以劝之，法家就认为这样的人对国家是无用的。实际上，法家从国君的角色思考治国原理，儒家从知识分子角色思考治国原理，故而儒家重视荣誉，没有荣誉就不能成就自己，只是为虎作伥，听任君王，此为妇人之行，儒者不为。罚既不下儒者，赏又不劝儒者，法家之治术真拿儒者没有办法了。其实，这是需要梳理的。儒者讲得是个人的修养，并不是要废止国家的法令，法家讲的是对所有儒者与非儒者和君子与小人之为臣下子民的管理，并不是不需要人民的品德，而是更需要人民臣下的治事之能，所以儒家不需要否定法家的法治原则，法家也不需要否定儒家的德治主义，《人物志》就说一国的人才既要有清洁家，也需要有法家和术家，清洁家就是有道德人品的儒家了。

认为臣下只为赏罚而效忠君王，这诚然是法家论说过滥的地方了。国君若无理想，若不爱民，儒者能力再强，也不愿意为国效忠，但当然也不会违法乱纪，所以国君可以重用儒者，有过亦罚，儒者亦无怨。若儒者违法，国君必不讲私情，这更是对的，因为违法之儒者也不足以当儒者了。除非是恶法、扰民之法，这就需要国君自己斟酌了。所以说需要变法，把无益于国家人民且不合时代之法废除，则儒者绝不违法。儒者有事请命，国君循名责实，上下以计合谋，当无不可，公平合理，儒者何需否定法治呢？儒者可以不否定法治，但儒者并非为求赏畏法而来，倒是为了自己的理想荣誉而来，若是国君也有理想，儒者必倾力相助，国君有法家之术亦无妨，重点在能爱民强国，只要能爱民强国，儒者必投效。赏罚不足以笼络儒者，但荣誉可以，爱民可以，强国可以，理想可以。儒者对国家绝对是重要的，问题是君非明君时，儒者亦无缘站上高位，这与法家有术之士的命运是一样的，若有权臣、当途之人在位，儒生也好，有术之士也好，都得靠边站。如何可以不靠边站呢？那就需要老子的智能了，这就是儒法二家不及的地方。儒家希望国君行仁政，法家希望国君有法术势，但国君身边都有强臣、权臣、重人、当途，儒法两家都是知识分子性格，理论都讲得通，面对这些人，自己却没办法。

第六卷《解老》以义理脉络疏解老子文句，对老学诠释之功效不大，因为不甚准确。此外，对韩非阐释法家思维也收效不大，因为论述过于缠绕，要了解韩非思想，不必透过此篇。

第七卷《喻老》篇以历史故事解读老子文句，故事在别的篇章中都出现过，意旨未必是老子文句意旨，比喻也未必准确，对老学的理解无助，但对了解韩非的宗旨有帮助。不过，读者不必在此处过度用力，看其他篇章更为准确。

《说林上》、第八卷《说林下》。《说林》上下著录了古往今来各种社会政治军事外交上的许多关键谈话，借由只字词组可以活命，可以灭国，可以尊爵，可以受戮，这是兵法家和纵横家的专长，可以归于法家言术的范畴，但又有所不同。法家言术最重君王御下之术，《说林》上下对于君王御下之术所论不多，战争攻伐、个人进退之术反而讲得更多。若依《人物志》法家术家之分，则此处宜属于术家之智巧，而非法家御下之术为主，谈法家御下之术，则是《内储》《外储》的主旨。本篇是非常好的兵法家及纵横家之术的教材，只能用做法家智术的参考材料，倒不是法家理论主张的重点。

《观行》篇讲识人于势，察人之能否，亦需观其所处之势，有势助之，其事易成，无势索之，等于不识。这篇也是法家认识世界事物的佐助教材。

《安危》篇讲治国之道有使安之道七，有使危之道六，然所论重点飘忽，韩非之法家的若干特征不明确，所论当然亦言之有理，只是不太像是韩非惯常强调的重点。本篇于认识法家特征不甚重要。

《守道》篇直探法治思想的宗旨，论旨宏大，几无瑕疵，即便是儒者，亦无能与之辩，可谓韩非论法中最成功的一篇文章。“圣王之立法也，其赏足以劝善，其威足以胜暴，其备足以必完。治世之臣，功多者位尊，力极者赏厚，情尽者名立。善之生如春，恶之死如秋，故民劝极力而乐尽情，此之谓上下相得。”开宗明义之所论，理想性极高，具体如何做到，有一些原则：“古之善守者，以其所重禁其所轻，以其所难止其所易。故君子与小人俱正，盗跖与曾、史俱廉。”此说严刑重罚的意味不免多了些，但法之所立，本不为防君子，君子自不乱法，刑罚乃为防小人，没有刑法小人则继续为恶。其言：“人主离法失人，则免于伯夷不妄取，而不免于田成、盗跖之祸。今天下无一伯夷，而奸人不绝世，故立法度量。度量信则伯夷不失是，而盗跖不得非。法分明则贤不得夺不肖，强不得侵弱，众不得暴寡。”可见申明法治，确为惩治小人，关键就在，执法者是否过于苛察以致滥捕滥刑，这才是法之恶处。但造成这种局面的原因是酷吏而不是恶法，防止酷吏是另一种原则。在御下之术中，务于申明法纪，是有它管理社会必要的功能的，“服虎而不以柙，禁奸而不以法，塞伪而不以符，此贲、育之所患，尧、舜之所难也。故设柙非所以备鼠也，所以使怯弱能服虎也；立法非所以备曾、史也，所以使庸主能止盗跖也；为符非所以豫尾生也，所以使众人不相谩也。不恃比干之死节，不幸乱臣之无诈也，恃怯之所能服，握庸主之所易守”。由是观之，申明法治的立法精神本无可议，法治的弊端在执法者的人病，所以徒法确实不足以自行，即便是良法、善法犹有酷吏以坏法，何况是严法。儒者所与辩者，非在立法，而在教人，没有优秀的官吏，法律正成了恶人的刀斧，砍向善良的忠臣良民，所以法家还需要有君王的御下之道，致使官员不敢为非。又，没有良善的百姓，立法再严，犹有违法之念，所以儒家重德治，重教化，期许天下人皆为曾、史。法家有其理想，儒家也有其理想，宜互取所长，不宜论争辩异，只重一家，必有所失。然而，光就法家重法思想而言，宜无可议之处，儒家亦不能废法，则法治亦为护国保民之良政矣。

《用人》篇讲以法治国之道，其实还是法治主义的原则之探讨，重点在明确官员的职责，不兼官摄事，以苦官吏，申明罚则，不使同功而废怠。“治国之臣，效功于国以履位，见能于官以受职，尽力于权衡以任事。人臣皆宜其能，胜其官，轻其任，而莫怀余力于心，莫负兼官之责于君。故内无伏怨之乱，外无马服之患[①]。明君使事不相干[②]，故莫讼；使士不兼官，故技长；使人不同功，故莫争。争讼止，技长立，则强弱不觳[③]力，冰炭不合形，天下莫得相伤，治之至也。”必须说，韩非在此处讲的依法用人的原则，确实是高明的设计，充满了理想性，理论上是没有问题的。但是，这似乎是承平时代才能有的做法，若开国之际，实难施行，因为有太多权衡利害之境。就春秋战国各国之状况而言，开国已久，君位稳定，则宜尽速实施此“依法用人”之原则，切勿停留在重用贤人的做法中。“释法术而任心治，尧不能正一国。去规矩而妄意度，奚仲（夏禹的车臣）不能成一轮。废尺寸而差短长，王尔（巧匠）不能半中。使中主守法术，拙匠守规矩尺寸，则万不失矣。君人者，能去贤巧之所不能，守中拙之所万不失，则人力尽而功名立。”此处，以中拙之君论之，笔者可以同意。君未必中拙，但刻意任智用贤，就是自以为智，其结果几乎就是造成权臣当国，所以有智之君，亦不逾法而任用官员，这就是守中拙之所以能万不一失之故。因为所谓的贤，都无现实的保证，只是凭君王自己

① 马服子，即赵括，长平之战损失赵国士兵四十万。
② 不相干，不相抵触。
③ 觳，音绝，较量。

的眼光。一旦试用，常常招致大败，故主不任贤用智而以法取人。

文中又讲了用官的原则：“明主立可为之赏，设可避之罚。故贤者劝赏而不见子胥之祸，不肖者少罪而不见伛剖背，盲者处平而不遇深溪，愚者守静而不陷险危。如此，则上下之恩结矣。古之人曰：‘其心难知，喜怒难中也。’故以表示目，以鼓语耳，以法教心。君人者释三易之数而行一难知之心，如此，则怒积于上，而怨积于下，以积怒而御积怨则两危矣。明主之表易见，故约立；其教易知，故言用；其法易为，故令行。三者立而上无私心，则下得循法而治，望表而动，随绳而斲，因攒（剪裁）而缝。如此，则上无私威之毒，而下无愚拙之诛。故上君明而少怒，下尽忠而少罪。”这就是说明了治理官员的原则宜公开明示，则官员易于遵循，君主也不劳猜忌用计，在官员的管理上便轻易可为了。

当然，这还是不够的，否则何须用术？《内储》《外储》就是为君王御下之术设计的原则，但术是为防弊而设，法是为明治而设，两者不必冲突，都是君王必要之具。韩非没有主张仅法而勿术，更没有主张仅术而勿法。法术兼用，则用人之道尽矣，特别是权大势大的君王治国御臣的原则。法用于约定明白，术用于侦知防弊，术不废法，法不废术，君王必圣明。又言：“闻之曰：‘举事无患者，尧不得也。’而世未尝无事也。君人者不轻爵禄，不易富贵，不可与救危国。故明主厉廉耻，招仁义。……人主乐乎使人以公尽力，而苦乎以私夺威。人臣安乎以能受职，而苦乎以一负二。故明主除人臣之所苦，而立人主之所乐，上下之利，莫长于此。”此文中韩非所论之君王，实是为国为民为官员而尽心尽力的圣王了，让官员好做事，让国家强大，又让自己免除难题，则有如儒者之仁心仁术矣。本文还有一些用人设官除患的原则讨论，都十分深刻，限于篇幅，不再细论，本文是韩非发挥法治原则，讨论用人设官原则的佳文，值得细读品味，并与之对谈掘发。

《功名》篇讲国君之功业如何而成，但讲了一些大原则，并未落入细节中。“明君之所以立功成名者四：一曰天时，二曰人心，三曰技能，四曰势位。”内容的重点强调了名实相符，但名实相符最具体落实的做法就是“循名责实”，而“循名责实”则是用于政策制定上。政策的制定者即是任务的执行者，加以明确的赏罚之威，如此言不妄发，事不乱为，严格地控制了臣下的才能与职掌，这才是具体落实了名实关系。

《大体》篇讲理想时极尽高远，但讲具体原则时又十分细腻。“不以智累心，不以私累己；寄治乱于法术，托是非于赏罚，属轻重于权衡；不逆天理，不伤情性；不吹毛而求小疵，不洗垢而察难知；不引绳之外，不推绳之内；不急法之外，不缓法之内；守成理，因自然；祸福生乎道法而不出乎爱恶，荣辱之责在乎己，而不在乎人。”这是讲君王治理国家驾驭群臣的重要原则，重视法治，则人臣知道一切靠自己，只要依法守法完成法令就好，这样君王与臣下都能安于其位了。“上无忿怒之毒，下无伏怨之患，上下交顺，以道为舍。故长利积，大功立，名成于前，德垂于后，治之至也。”显然，追求大治之世是韩非的最大关切，关键都在君王的知治术与否，故而《韩非子》全书都在申明此道。

第九卷《内储说上》。《内储》《外储》之说，都是讲给君王听的御下之术，可谓法家之术，即便谈法治，也是从治术的角度说法，韩非可谓上下搜罗，苦口婆心，唯愿君王醒悟，真爱国之臣也。《内外储》诸说，可以说真正奠立了法家言术之大纲要旨，术之在法家看《内外储》就对了。

首先讲七术："主之所用也七术，所察也六微。七术：一曰众端参观，二曰必罚明威，三曰信赏尽能，四曰一听责下，五曰疑诏诡使，六曰挟知而问，七曰倒言反事。此七者，主之所用也。""参观"讲信息的管道不可被堵塞；"必罚"讲犯错惩罚绝不可少；"信赏"讲有功之赏绝不可诬；"一听"讲询问臣下要分开来问；"诡使"讲分派一些臣下不明了意思的任务，就可以达到自己的政治目的；"挟知"讲垂问臣下信息细节的时候，先以自己深知之事吓唬他，他就不敢隐瞒了；"倒言"讲故意说些反话，激出臣下的真话。

第十卷《内储说下》讲六微："六微：一曰权借在下，二曰利异外借，三曰托于似类，四曰利害有反，五曰参疑内争，六曰敌国废置。此六者，主之所察也。""权借"讲君王之权不可让臣下使用；"利异"告诫君王，臣下的私心想要的东西，与君王治国的目标是各不相同的；"似类"提醒君王不要因类似的事情被臣下诬骗而害了忠良；"有反"提醒君王有事变结束之后，要看看谁得利谁受害，这样可以知道事件真正的主使者；"参疑"告诫君王，臣下若势均力敌又为死敌的时候，自己也很危险了；"废置"讲战胜敌国的办法，先废了它朝中的忠良，扶持它的奸臣。

第十一卷《外储说左上》讲君王对待臣下有六个要点：第一，君王不要听信甚至接受一些荒诞不经的无用之言与事。第二，听臣下讲话，若所说没有实际验证，就不必重视。第三，一定要看清楚事情的原委，不要受到表面现象迷惑。第四，赏罚必依实际，否则无力御下。第五，君臣分职，切莫以臣道为君道。第六，君主平日要守信于民，临大事时才能役使群臣百姓。

第十二卷《外储说左下》讲六种君王对臣下应有的做法：第一，法令明确执行，百姓便真心接受。第二，君王要掌握好自己控制臣下的权术，而不是依赖臣子的忠心。第三，君臣尊卑贵贱之等，永远必须讲究。第四，毁誉和赏罚要一致，否则赏罚就失效了。第五，深入了解人性，使君王不被臣子凌驾其上。第六，杂录了一些具有参考价值的史料，重点分散。

第十三卷《外储说右上》讲三组君王对付臣下的观念：第一，以权势御下则易，不符君意则早除之。第二，自己的私意切莫为臣下所知，否则便受臣下宰制。第三，身边所爱的人反而成为阻挡自己权势的拦路狗。

第十四卷《外储说右下》讲五个御下的原则：第一，大臣和国君都有权力行赏罚时，国君的意志就无法贯彻了。第二，依法令行赏罚，则君不必私仁，臣不必私忠，一国之意志形成，而国势壮盛矣。第三，大政方针必须与时俱进，适合自己，不要随意模仿。第四，治理国家、管理百姓的重点，就在整饬官箴。第五，聪明要用在知道事情的隐微，才不会招致祸患。

综合《内外储》诸说，都是在具体的案例中提炼的御下之术，但具体情境事各不同，每一次的处置还是要斟酌实际，意见不是绝对的，只是适合当下而已，但是能适合当下，就能事事成功。术是不能没有的，但既然是术，就千变万化，唯变所适，切不可执一不变，否则亦将伤到自己。关键在于聪明、智慧。

第十五卷《难一》《难二》、第十六卷《难三》《难四》。韩非著《难》一、二、三、四诸篇，以与儒者及众家辩论。韩非过度重视法的效用，忽略了从臣下的角度跟君王相处的时候自己应有的智慧。这些智慧属于大臣对付国君之术，确实并非国君御下之术，但这是无可奈何，韩非却不能分辨，一味批评，许多对人对事的批评，只在君王之位思考。他对于儒家知识分子道德教育的本质不能理解，对于老子圣贤谦让的智慧不能领会，尤其是对管仲极尽批评，殊为可惜。管仲明明是最成功的政治家，言行中有许多智慧技巧在，可谓集儒老法之智慧于一身的黄老道家，他所提供的正是知识分子谋国的最佳方略。韩非学富五车，唯以法论事，只在君位思考，论辩失之单薄。本篇最能见出韩非法家思维的缺点，哲学家批评别人的时候正好暴露了自己的缺点。

前于《内外储》诸篇中，笔者即言，术以当下情境之适当处置为最高智巧，不可硬生生地套用，此处《难》一、二、三诸文之辩术，就是犯了标准僵化的错误。其一为硬生套用法术势的原则，以评价世事；其二为只能以君位的出发点思考问题，而不能以臣下的智慧为出发点讨论问题。《难四》的讨论，正反俱呈，反而看不清楚韩非自己的立场，其实多方意见都有道理，意必固我之后，反现思考的盲点了。

第十七卷《难势》本篇辩论势与贤之得失，“慎子曰：‘飞龙乘云，腾蛇游雾，云罢雾霁，而龙蛇与蚓蚁同矣，则失其所乘也。’贤人而诎于不肖者，则权轻位卑也；不肖而能服于贤者，则权重位尊也。尧为匹夫不能治三人，而桀为天子能乱天下，吾以此知势位之足恃，而贤智之不足慕也”。以下即展开贤势之辩论，其实这里的辩论颇不得要领，只能是无谓之争，如果厘清重点及语意即可无争。论势，乃君王不可失去之法宝，君必依势而成治，君自己贤不贤不是重点，意思不是君可以不贤，而是不可以任用私智，且必须是依法假势治国。至于臣下，无贤无能如何任官？故贤亦不可无，臣下必须在君王御下之术中依法任职，要任职也必须有能够胜任之贤能。本篇混淆于君贤、臣贤之争，进行了重势、重贤的无谓争执，有些可惜。重势是无疑的，正确的，君王不可以让自己的权势旁落。

《问辩》本篇重点在讲君王应禁止臣下人民无谓的言词，“明主之国，令者，言最贵者也，法者，事最适者也。言无二贵，法不两适，故言行而不轨于法令者必禁。若其无法令而可以接诈应变生利揣事者，上必采其言而责其实。言当则有大利，不当则有重罪，是以愚者畏罪而不敢言，智者无以讼，此所以无辩之故也”。笔者以为，禁止人民臣下以言乱政，重点在于法令既下，不许议论辩争，讨论政策，必责其实践，循名责实，则朝廷所论臣下不敢妄议，如此以禁臣下为自己利益妄议政令可也，而这才是韩非思路的清晰表述。

《问田》篇讨论了两个问题：首先谈任用官员必须从基层开始，一步一步考核他的能力，国君不可以将自认为的贤能者一下子擢升到高位，此处论之有理，符合任官考核的法家基本原则。其次谈法家人物如吴起、商鞅最后的悲惨命运。人问韩非，何不隐藏智慧求保身安？韩非答："臣明先生之言矣。夫治天下之柄，齐民萌之度，甚未易处也。然所以废先王之教，而行贱臣之所取者，窃以为立法术，设度数，所以利民萌便众庶之道也。故不惮乱主闇上之患祸，而必思以齐民萌之资利者，仁智之行也。惮乱主闇上之患祸，而避乎死亡之害，知明夫身而不见民萌之资利者，贪鄙之为也。臣不忍向贪鄙之为，不敢伤仁智之行。先王有幸臣之意，然有大伤臣之实。"韩非不惧吴起、商鞅之前例，不担心再度碰到不明之君，只一心认为依法治国绝对有利于人民百姓，若是为了自己避免灾难就不推行法治，韩非认为这是知识分子自私自利的行为，绝不可取。此种豪情，岂非孟子精神？毫不多让，且为救韩国而身死秦狱，岂不更为可歌可泣？令人动容，令人敬佩。本文是心境自述，面对可见的灾难，挺身而赴。对于这样的民族思想豪杰，理应将他的思想优点好好阐述，去芜存菁，努力发扬。

《定法》篇定义"法""术"两观念的要旨，"术者，因任而授官，循名而责实，操杀生之柄，课群臣之能者也，此人主之所执也。法者，宪令著于官府，刑罚必于民心，赏存乎慎法，而罚加乎奸令者也，此臣之所师也。君无术则弊于上，臣无法则乱于下，此不可一无，皆帝王之具也"。此处，简明扼要地把法的要点和术的要点都说明了，法为臣设，术由君用，其实都是君王治国之具。本章韩非讨论了申不害有术却不知法，旧法新法俱用，结果臣下选择于己有利的条文，法遂难行。商鞅明法，他留下的富国强兵之法，所造成的国家利益，却被大秦强臣夺去，他留给秦王的，有法无术矣。韩非析论甚当。

《说疑》篇讲国君与臣下之间的法术运用关系。“有道之主，远仁义，去智能，服之以法。”韩非口中的仁义，多为已被扭曲的假仁假义，君王自己虚假，臣下更是虚假，还谓之用仁义之道治国。既然不能用法重术，国君则无法驾驭群臣。接着讲述了几种不同类型的臣子：第一，“亡国之臣”。第二，自我道德崇高不受王命之“不令之民”。第三，以为自己是王者师，而对君王疾言厉色之“王师之臣”。第四，结党营私，逼君乱国之“乱国之臣”。第五，强能、爱国、尊君之大臣，是为“霸王之佐”。第六，自私自利，为己损国之小人之臣，谓之“谄谀之臣”。这些臣下，非圣君无法治理，至于乱主，除了第五类以外，必受其害，故而圣君必须知道臣下之奸，同时也不能犯治国管理之过。此文甚佳，厘清了法家心目中的良臣观点以及圣君意象。唯独对伍子胥责骂夫差之事不苟同之立场，值得商榷，史实是夫差确实有过，若听子胥之言，何至败战丧命？韩非只管他的尊君用术之原则，不重视臣下的智慧运用以及道德立场，标准固然一致，所论未必全面。但若就君王而言，只要是圣明之君，依韩非之法及术，再碰到“霸王之佐”的人才，则确实有用。韩非在这里列举了历史上“霸王之佐”的人才，如：“后稷、皋陶、伊尹、周公旦、太公望、管仲、隰朋、百里奚、蹇叔、舅犯、赵衰、范蠡、大夫种、逢同、华登。”好在有管仲的大名在此，否则参照韩非于他处批评管仲言行的话语，真要怀疑韩非的识见了。

《诡使》篇讲国君虽能立法，却不尊重立法的精神。法令的施行，就是要统一人民的行为，让全国的能量集中于对国家有利的事情上，结果一些过去的风俗价值依然盛行，而国君竟不知禁止，甚至在态度上呼应，等于破坏了自己的法纪。“夫立名号所以为尊也，今有贱名轻实者，世谓之高。设爵位所以为贱贵基也，而简上不求见者，世谓之贤。威利所以行令也，而无利轻威者，世谓之重。法令所以为治也，而不从法令、为私善者，世谓之忠。官爵所以劝民也，而好名义、不进仕者，世谓之烈士。刑罚所以擅威也，而轻法、不避刑戮死亡之罪者，世谓之勇夫。民之急名也甚，其求利也如此，则士之饥饿乏绝者，焉得无岩居苦身以争名于天下哉？故世之所以不治者，非下之罪，上失其道也。常贵其所以乱，而贱其所以治，是故下之所欲，常与上之所以为治相诡也。”当人民为了个人的名声而实施违法轻刑的行为时，国君的有效控制就有所不足了。当然，此处尚有可以议论之处，人民所重的价值若是普世价值，就不应该有法令的规范与之违背。显然许多当时的法令，是只为管理者个人方便，甚至是为私欲而设的，当然人民就顾不上守法了，如果只为个人声誉的伸张，就会违法，那么该修改的是法令。法令本是为国家利益计度而设的，法令既定，就应该清楚申明，让百姓都知道它的意义与价值，那么百姓就没有理由再为过去世俗的观瞻而不守法令，只求个人快意。如果某人的行为百姓也不认同，则他的行为既违法又不能得到的荣誉，自然会慢慢失去吸引人们的力量，法令就得以情理兼顾了。

《诡使》所说，是在法令初颁之际，人民价值观尚未统一，国家又不能有效宣传，加上国君自己也认识不明，人民则另有价值标榜。此处之“诡使”与《内储说》的诡使用法意思并不一致，宜注意。

第十八卷《六反》之所言，与《诡使》意思接近，都是讲国家的法令与百姓的价值观，甚至与国君自己的价值观不一致，“此六民者，世之所誉也。……此六民者，世之所毁也。奸伪无益之民六，而世誉之如彼；耕战有益之民六，而世毁之如此；此之谓六反。布衣循私利而誉之，世主听虚声而礼之，礼之所在，利必加焉。百姓循私害而訾之，世主壅于俗而贱之，贱之所在，害必加焉。故名赏在乎私恶当罪之民，而毁害在乎公善宜赏之士，索国之富强，不可得也”。这样的结果，国家是不可能强盛的。因为等于国君自己都不认同法令所指向的价值观。要改变这种窘况，就必须严格执行法令，毁誉要一致，受赏者誉，被罚者毁，然后，只要是授官，就一定是经过历练而有实功者，“故官职者，能士之鼎俎也，任之以事，而愚智分矣。故无术者得于不用，不肖者得于不任，言不用而自文以为辩，身不任而自饰以为高，世主眩其辩、滥其高而尊贵之，是不须视而定明也，不待对而定辩也，喑盲者不得矣。明主听其言必责其用，观其行必求其功，然则虚旧之学不谈，矜诬之行不饰矣”。让官职成为有能力的人的鼎俎，需要君王有十分坚毅的性格才行，授官不徇私，功过明确赏罚，否则，徒有法令亦不足以强国矣。本篇申明法治的施行原则，已经和术的要点结合了。

而御下之术的要点，还是“循名责实”的原则，即官员说了什么，就要做得到，做不到就要受罚，这样就再没有乱说话的臣下，也再没有无能的官员了。只是韩非不断指出，破坏这条原则的正是人民的价值观，但这本来就是要去纠正的，真正的关键是君王也随声附和，这样就自己败坏了法纪的功效。

《八说》篇所论，与前两文皆类似，在讲对国君有利害关系的事情与人民的需求常常相反，“此八者匹夫之私誉，人主之大败也。反此八者，匹夫之私毁，人主之公利也。人主不察社稷之利害，而用匹夫之私誉，索国之无危乱，不可得矣”。所论八说意思与前两章类似，关键都是御下之术没有落实。而御下之术的落实重点，也还是同样的几点原则，“计功而行赏，程能而授事，察端而观失，有过者罪，有能者得，故愚者不任事。智者不敢欺，愚者不得断，则事无失矣”。显然对于官员的有效管理，就是韩非最为关切的问题，也是御下之术探究的要点。

《八经》篇谈八个治理国家的原则，所论之要旨与《内外储》诸篇多半相同，从主题上不见得看得出来重点何在。第一“因情”，借人情之好恶而行国家之赏罚，则赏罚有效。但还有很多细节，等于《内外储》许多重点都在这里了。第二“主道”，强调君王要用人之智以治其国。第三“起乱”，讲了种种从国家内部造成政治纷乱的途径，讲国君失势丢权的形态，里面的观点也差不多如《内外储》《十过》中所述。第四“立道”，讲的是君王侦查臣子言行的种种手段，属于御下之术的领域。第五“周密”，讲君王因为势重之故，则己意不可外泄于人，否则就败坏了自己的管理。第六讲“参言”，强调对于臣下的意见要多方查核。第七讲“任法”，谈法在施行上面的种种重点技巧。第八讲“类柄”，谈国君权势的失去，以及补救之法。本章的观点，在前面章节中都出现过，但是意见的表述更简练，并且主旨只是个开场，内容所述，常常包含韩非法术势观点的全部。批评地说，系统性不明晰。

第十九卷《五蠹》篇开头强调不要一味想要回到古代的治国观点，因为时代不断演进。这个观点是有道理的。《五蠹》就提到五种类型的人物：“是故乱国之俗，其学者则称先王之道，以籍仁义，盛容服而饰辩说，以疑当世之法而贰人主之心。其言古者，为设诈称，借于外力，以成其私而遗社稷之利。其带剑者，聚徒属，立节操，以显其名而犯五官之禁。其患御者，积于私门，尽货赂而用重人之谒，退汗马之劳。其商工之民，修治苦窳之器，聚弗靡之财，蓄积待时而侔农夫之利。此五者，邦之蠹也。人主不除此五蠹之民，不养耿介之士，则海内虽有破亡之国，削灭之朝，亦勿怪矣。”以上五种人物，韩非都认为是他的法治观点之下难以驾驭的人物，因此宜予除去。实际上，他们几乎是百工技艺各行各业了，因此等于韩非几乎要除去所有的人民百姓了。

《显学》篇行文反对儒墨两家，“世之显学，儒、墨也。儒之所至，孔丘也。……无参验而必之者愚也，弗能必而据之者诬也。故明据先王，必定尧、舜者，非愚则诬也。愚诬之学，杂反之行，明主弗受也”。儒为文人以及提倡仁慈之人，墨为侠客为义士，他们都以尧舜为典范，以证明自己思想的正确，但尧舜远古之事，已不可考，谓之验证，必是诬人，故韩非信今而不好古。且儒墨之所重，皆非现实具体有效益之事，“盘石千里，不可谓富；象人百万，不可谓强。石非不大，数不垦而食，是地不垦与盘石一贯也。儒侠毋军劳、显而荣者则民不使，与象人同事也。夫祸知盘石象人，而不知祸商官儒侠为不垦之地、不使之民，不知事类者也”。韩非认为儒侠在社会上对于国家富强没有什么功能，这样说是有些过滥了，儒侠是官员以及战士的阶层，所以儒侠并非百无一用。法家治理下的国家，可以不去重视标榜儒侠，但也无须诋毁，韩非之所以批评，是因为有些儒侠之人，在谈不上对国家有益的功效之前，他们就被授官，结果并未展现治理之长才，等于用错了人才。因此，关键绝非是儒侠者就须禁其存在，因为他们确实有其功能，只要君王不要无谓地标榜于上，人民就不会犯死以坚持形象，重要的还是君权的运用。

本文还谈了许多治国原理：“夫圣人之治国，不恃人之为吾善也，而用其不得为非也。恃人之为吾善也，境内不什数；用人不得为非，一国可使齐。为治者用众而舍寡，故不务德而务法。”这也算是与儒家辩论的文字了。以法可以统众，以仁则只能约束极少数人，非仁无益，而是功效太低，治理国家，还是必须依法。笔者以为，法治与仁治都是重要的，重点是要弄清楚在什么情境是法治至上，什么情境是仁治至上。这是要有智巧以为落实的，不是仁治就一路到底，不是法治就一路到底，都是一路到底就需要大辩一番，不去一路到底，而是交互运用，就要讲究何时重用何理。韩非的观点是非法即仁，故而有是有非，非辩不可。

第二十卷《忠孝》篇非议儒家忠孝观点，认为舜夺了尧的帝位，因此臣贤危君，不宜重贤，而应重法、术、势，其实，此处之贤者之定义儒法不同，儒者指有德性有能力的人，法家只以能力说之，去其德性义。就儒家之德性而言，则绝无夺位弑君之事，然而韩非以汤武夺权弑君说儒家，以证儒家的德性不足恃。尧舜禹汤文武之事，究竟真相为何？韩非于前文《显学》中已经说了，尧舜不复生，任何理论立场以尧舜之事为证之说者，皆是诬言，因已不可考证。韩非描述了跟孟子完全不一样的尧舜形象，以为忠孝之不可恃，这其实也是诬。孟子的诠释或有美化之嫌，但他是在建立自己心目中的圣王形象，以此作为对所有国君治国原则的要求。至于韩非表述中的尧舜形象，理论上也没有证据。

可以说，以尧舜形象辩论忠孝是难有共识的，但是讨论贤人的概念约定以辩论忠孝，理论上是可行的。韩非所说的贤人就是有才干的人，而非儒家的有贤德的人。“今夫上贤任智无常，逆道也；而天下常以为治，是故田氏夺吕氏于齐，戴氏夺子氏于宋，此皆贤且智也，岂愚且不肖乎？是废常、上贤则乱，舍法、任智则危。故曰：‘上法而不上贤。’”这里所讲的上贤就是尚贤，而尚贤是在对所谓的贤人并未经过试练就授官授赏，以致国亡君死。尚法就是对于官员的任用要按部就班，经过考验，有功赏升，有过罚降，建立政策时则是循名责实。其实，经过授官任职试验之后的能人就是贤者，既然是贤者从而尚之有何不对？关键还是定义的问题，以及政治现场中的君王之睿智与否，是否易为忠孝荣名所蒙陷。所以说，问题在用官的程序，而非贤者不能被用。尚贤是必要的，如果贤者之任用在尚法的脉络中进行，则无弊矣。

《人主》篇谈君王御下之术，重点多已重复。文中言法术之士和当途之臣之别，即法术之士是能运用法术协助君王成势而强国的知识分子。韩非从来没有说明这种人物是如何可以出现的，也没有讨论他们是如何被训练的，好像人世间就是会有这类人物而将其与当途之臣对立。其实，韩非自己就是这类人物，其对立面就是当途之臣，也就是权臣。权臣瓜分君王之权，钳害法术之士，只为私利，但不知法术之士为何不为私利而只为国家之公益。其实，这就是爱国心，在这一点上和儒家的情怀是一致的，二者只是在治国方法上观点不同，法家的思想更为前卫。儒家讲个人修养，法家讲国家管理，两种思想都应取其强项而用之。韩非每把儒家说成是假忠孝，把德治说成是不要法治，这样过于简单地下结论，不是解决问题的有效办法，只是服务于粗糙的辩论而已。

《饬令》篇讲法治原理，懂得用法，国力必强。用法就是用法管理官员，管理官员就是封官任事必须根据实功，必以功绩行赏。法令实施愈严格，人民违法就愈少，这反而是真正的爱民。

《心度》篇讲国君治国的用心，也讲管理百姓要真知百姓的心态："圣人之治民，度于本，不从其欲，期于利民而已。故其与之刑，非所以恶民，爱之本也。"以法治国，一开始绝对会让人民不舒服，但其目的是为了爱民，不论此文是否真出自韩非之手，就法家治国原则而言，国强确实有造福百姓之实效。至于如何加强法治，导致国家强盛，韩非说："故明主之治国也，明赏则民劝功，严刑则民亲法。劝功则公事不犯，亲法则奸无所萌。故治民者，禁奸于未萌；而用兵者，服战于民心。禁先其本者治，兵战其心者胜。圣人之治民也，先治者强，先战者胜。夫国事务先而一民心，专举公而私不从，赏告而奸不生，明法而治不烦，能用四者强，不能用四者弱。"这些原理前面都说过了，但其中"赏告而奸不生"到了下一章就有连坐法的发展，此乃违反人性的法令，若非为了军事争战的目的，实不宜实施，若是用于政治斗争，这肯定会是残酷威权的政治。

《制分》篇。《韩非子》书的标题都下得不太好，很难从标题中准确地知道内容要点。《制分》讲的还是法制的技巧，其中最特别的就是连坐法的提出："是故夫至治之国，善以止奸为务。是何也？其法通乎人情，关乎治理也。然则去微奸之道奈何？其务令之相规其情者也。则使相窥奈何？曰：盖里相坐而已。禁尚有连于己者，理不得相窥，惟恐不得免。有奸心者不令得忘，窥者多也。如此，则慎己而窥彼。发奸之密，告过者免罪受赏，失奸者必诛连刑。如此，则奸类发矣。奸不容细，私告任坐使然也。"笔者认为，用于战争剿匪，施行连坐法尚可，王阳明剿匪时就实施过，但若是用于政治斗争的话，必定会造成政治迫害，法也是一个两面刃。

以上，将《韩非子》书中各章重点的大致提点，这样便能准确地看出韩非思想的脉络及其体系。

此处，也可见出，《韩非子》各篇文章的内容，其实不断重复，也略有不同，显然是不同时期不断写作的汇集，而不是一段时间内一次性的计划性写作。同时，篇名的意旨难以明白，必须阅读了内容才能了解。至于内容的要旨，常常是法术势三者混同于一文之中不断提出。

以下，依法术势三点，以及对儒道两家的关系进行讨论。

三、《韩非子》书中的重势思想

韩非重势，势者君王之势，君王去势即失其国，君不成君矣。在君王体制之下，君不成君，则国不成国，君权旁落，则大臣专断。专断的大臣只顾己利，不顾国力，由此一来国将衰亡矣。是以韩非重势，即强调君王如何保位守权而威行天下之势。重君其实也是爱国，国富兵强，则百姓有赖。因此，不能简单地把重势理解为重君甚于爱民，实际上巩固君位与爱民利国是一体两面。一国之君，自己安危权势不保，则何以保国，何以爱民？韩非不多谈爱民，但谈富国强兵，一旦国富兵强，民如何不保？强国之下人民必受保护，其结果也能爱民了。韩非论学，最重国君之角色，许多篇章直接针对国君而说，《十过》《亡征》，甚至《内储》《外储》都是讲给君王听的治国御下的术与法。为何要重视国君的权势呢？因为政治哲学中最大的力量就是君权，天下安危系于一人之身，在君权体制中，此人就是国君，国君言而成法则国强，愚而乱法则国亡，所以国君不可愚、不可乱、不可悖，更不可被分势夺权。因为如此一来，国家事权不一，种种力量用于分割国家的总体利益，其势不亡难矣。

韩非于《难势》篇中盛言势重于能，有能无势不能成事，只要有势，中人即可治国。此一论点，亦延伸至重法思想中，只要重法，中人即能成治。这一点，笔者以为是韩非言过了。面对战国时代的诸侯争战，韩非看到的君王问题确实是问题，所提出的办法也确实有其速效性，但是，如果不是意志坚强、智慧过人的君王，则不足以用势，也不足以用法与用术。君王首先要高度克制自己的欲望，其次要能充分利用儒家、道家的智慧，再者要好修炼韩非提供的法、术、势的智能，这都不是一般中人之资者可以胜任的。

总之，韩非对于君王之势的强调是极为正确的。君位是国之宝，其势在万民之上，是众人抢夺的目标，因此首需保位，其次就是好好用势，其实用势就是运用以法与术。在法上，就是一切明法绝对要严格执行，且附之以不打折扣的赏罚。至于术，细目就太多了，以下论法与术。

四、《韩非子》书中的重法思想

法家自是重法，法者明令公告于天下，全民守之，官员与人民皆不外于法之要求、禁令与奖赏，如此才能统一国家力量。然而，法的内涵应该包括公共政策以及执行当否的赏罚命令，法不能只是赏罚。为何赏，为何罚？符合国君意志则赏，违背国君意志则罚。因为有赏罚，故而国君意志得以贯彻。意志为何？意志即政策。所以法家之法就是对政策执行的要求，以及对执行得力与否的赏罚。

就赏罚而言，必须有正确的信息，即臣下执行之当否。那么君王如何得知正确的信息？这就涉及术的问题了。关键在于下级可以告发上级，如此一来则无奸隐矣。甚至实施连坐法，则无有隐匿之情了。又，法之行于天下，就赖赏罚，赏罚亦即术，使法能有效执行的操作技术。

韩非论法，强调的是法的有效管理性，但是《韩非子》全书并不是一部律法宝典，书中涉及律法的只是一些管理上的案例，可见韩非是谈观念的，并不是如商鞅那样真正建立律法的法家。

韩非所论之法多为应该重法的原因，以及法应如何执行落实，还有法对人民百姓生活的意义，施行法制对国家强盛的关系，等等。可以说韩非论法是以法哲学的讨论为主，而不是法律条文的讨论。

五、《韩非子》书中的重术思想

韩非重术一如其重势与重法，势者唯君王之用，术者则君王与大臣皆可使用，其中有多种类型，有君王侦查臣下的御下之术，有君王控制臣下的御下之术，有官员治理百姓的管理之术，有战争攻伐的心理作战之术，有战争攻伐的阴谋诡计之术，有个人利害的人际互动之术，这些观念，分散在《说林》《内储》《外储》诸篇中，可以说是韩非一生为学研究的大宗。韩非最关切君权被瓜分的问题，所以重势，但他认真研究的则是君王御下之术，所以重术，这一切也正是他为了避免君权被瓜分而做的研究。但是，这些都是过去的案例以及正确的观念，如何针对眼前的某一位君王，协助他夺回君权以强大国家，这需要国君自己的个性能力才华条件的配合，以及教导者自己丰富的人生阅历才能奏效。就韩非个人的才情而言，实难担此重任，故而只能讲述理论，却不能为君王治病。笔者之所以这样判断，主要依据就是他在《难一》《难二》《难三》《难四》各篇中对管仲等人言行的批评，表面上是儒法之辩，其实是对有道法家色彩人物的应对智谋缺乏认识，可以看出来他自己的人生经验颇有不足。也就是说，韩非对于君王如何守势之术谈得最多，但是给君王开药单助其夺回权力，韩非自己无能为力。这是他理论与实际难以沟通而脱节的地方，表明他自己也只是理论家，而非实践家。一旦涉及实践，任何人都须保住自己的势与位，不论是大臣还是君王，此时，道家的智慧与儒家的道德意识就要派上用场了，可惜韩非不能把握，原因是对老子智慧的把握有落差。

六、韩非对老子的吸收与转化

《韩非子》书中有《解老》《喻老》两篇，其他文章中也偶有引老子之言以为所论之事的意旨定位，可以说对老子之书是用功甚勤，自觉继承了。其中《解老》之文，长篇大论，论述为主。《喻老》部分，引史事以晓谕老文。《解老》之文，语气缠绕，颇不似《韩非子》书中的其他篇章，所论老子意旨，亦未必准确。至于《喻老》之史事引用方式以及所重之要旨，则与《韩非子》书中的其他篇章风格一致，笔者以为确为韩文无误。

老子讲“无为”，“无为”者，无私也，无私即能让众人真正与已同心，而团结力量大。但是老子的无为，在黄老道家的思想中，却转化为政治统治者的御下之术，强调无为即是强调隐匿自己的心意。一方面君位高高在上，自己的决定在尚未施行之前，若是消息泄漏，侦知者就能从中取得巨大利益，而君王管理的威势也就为人所夺了，因此必须隐匿。另一方面，君王个人任何的私意好恶不能泄漏，一旦泄漏，臣下即会投其所好，因此也就暗中掌握了君王，以致剥夺了他的权势的影响力。这就是黄老政治的要旨之一，实际上讲，这不是老子思想，只是运用老子的无为概念说君王御下之术。御下要隐匿，但这指的只是君王个人私意方面，以及尚未颁布的政令，而不是说所有的政策不能明白昭示。至于政策的形成，也有无为的意旨，那就是君王自己不必费心表意，而是让臣下自己提出意见，并且为防止臣下乱言，所讲述的意见就是自己要执行的政策；施行结果，成功则奖赏，失败则惩罚，这又是隐匿己意的政治效果，直接与“循名责实”意旨相合。

可以说，《喻老》篇中的案例，是韩非诠释老子话语的实例，但是，这只能说是韩非自己的理解，与老子思想距离颇大，不能说是对老学思想的真正继承与发展。

七、韩非与儒家的辩争与解消

韩非论法论术论势，却颇有与儒家较量的意味，其中《难一》《难二》《难三》《难四》《难势》各篇，可以说就是直接以儒家德治主义的立场为辩论的对象，立场就是对法术势三点原则的坚持捍卫，面对的都是治国的问题。然而，许多讨论显示，韩非对于近距离政治现场的人物行为，不能有准确的体会，常会误判，过度坚持法家的原则，不能理解政治人物在政治关键时刻行为反应的真正用心所在，他的评论反而犯下了不少的错误。关键一点就是他只站在君位思考评论，而不能理解臣下的智巧，这并非法术势的原则有误，而是他对人物行为的评价不能深入人心、掌握情境，只能以抽象僵硬的法家原则套用批评，可以见出韩非仍是一位年轻的学问家。读书整理发表意见的能力甚强，具体人际互动的精准度则十分不足了。

韩非对儒家的认知，就是儒家讲仁义之道，但自己时常是虚假的，儒家重贤人，但贤人却不效忠于君王。韩非认为，尧舜之间的权力变更，其实是舜夺了尧的权柄；汤武革命，其实是汤武以大臣以身份夺了君王的天下。因此韩非的整个价值观都直接与儒家对立。但是，韩非追求的富国强兵，实际上解救百姓于亡国丧命之境，根本上也是儒家的理想，只是做法讲究的重点不同而已。韩非对于仁义之道以及贤人政治的解读，都失之偏颇，都是以被世俗污名化了的仁义和贤者为例，而为对儒家的非议，立论时激化两极对立的立场，简单的二分法制造了意见的对立，时常是为反对而反对。可以理解韩非救国忧时的心情，也可以理解当时有许多假仁假义伪饰的贤人，韩非因此提出重法思想，这一思想十分合理，也极有价值，但不必对儒家进行强烈的攻击。儒者要求国君行仁政爱百姓，法家以为重严刑而使民不犯法才是爱民，表面上与儒家重教化之旨不同，但衡诸事实，如在战争动乱之时，则法家之见确为殊胜，重罚比教化效果更快。重罚并非针对君子，君子又不犯法，重罚是针对小人。《周易》蒙卦初九《小象传》讲：“利用刑人，以正法也。”对于冥顽不灵者，确实需要用刑，这个立场儒家是不会反对的。只是要实现国家的长治久安，就必须教化百姓，培养君子，追求仁义政治。可以说一在长久目标，一在眼前实效，两者必须借由极有智慧的掌权者极为艺术地结合实施，而不需要在理论上针锋相对。

韩非常讲用势用法而不用智任贤，其实都需要再做语意的澄清。用势就是守住君王自己的权柄，此说毫无疑问是对的；用法就是统一国家管理的原则，此说亦是毋庸置疑；不用智是说不要自以为聪明，以为自己能看清情境，结果用错了臣下，害死了自己。用智任贤是一回事，不依据过去从基层累积的能力，而因为有人推荐就拔擢升官，赋予重任，其结果以失败收场。如此说来，韩非所反对的并不是重用真正的贤人，而是反对不经过验证就重用所谓的贤人，因此说在这一点上，韩非与儒家并无根本性的不同。

八、结论

本文讨论法家思想的内在理路，及其与儒道的关系。法家的思想，完全是政治哲学的进路，面对国家战争时期的治国问题，不讨论形上学问题，不讨论个人修养论的问题，只关心君王如何守位，如何御下，如何用法，可以说是唯国家发展为目标的哲学，转化到现代社会的管理思想上，可以说是唯组织目标的管理哲学。韩非没有探究他自己的思想的最高终极价值，究竟是为了君王还是为了国家或者人民，其实这是必须厘清的。韩非不思考这个问题则已，如果思考这个问题，他就不能不和儒家越走越近了。法家的治术，就是为了国家强大的目的而用的，而法术之士，就和儒者一样都是专业的政治管理人，他们一心为了国家的强大，希望国君能够好好守住国家，保住自己的权位，提出好的政策。为了铲除当途之臣、权臣、重人，有术之士时常不惜牺牲自己的身命。所以法家人物和儒生何其类似，他们都是一心为国而忘己身命的人。两家只是治国的策略方案不同，因此两家的辩论，实在应该解消，从而融会贯通，使得儒而有力，法而有度。

韩非对道家老子的自觉继承，只是取其所需，其实并没有深入老子的思想精髓。老子不是君本位思考，而是大臣甚至是圣贤的思考。老子的思想，并非手握大权的国君智慧，而是位居高层的大臣智慧。大臣为了应付颟顸的国君，以及嗜欲的权臣，为了照顾弱势的人民，必须无为，亦即无私，以成大业。韩非接收了道法家的思路，也就是黄老政治的思路。君王需隐匿自己的政治理念，但这并不是无为思想的正确解读，只是御下之术。国君的私人意欲不外泄，国君赏罚的决策不外泄，实际上就是权柄不旁分。御下之道，循名责实，则国君也不必表示治国的想法。臣下自动请缨而立军令状，成功则赏，失败则罚，这是对老子无为思想的另类解读，其实都是君王御下之术，并非圣贤的自我修养。所以，韩非虽然自觉继承老子，但其实并没有真正继承到。韩非自觉与孔孟不同，这是意气过甚造成的误解，实际上他的性格却多与儒家相同，都是想要承担天下重任的知识分子，却苦于没有实权，恨于国家被权臣掌握。法家讲理论给国君听，告知御下之术；儒家讲理想给国君听，告知爱民之道。两者都是根本重要的，实不可废一置一。

法家重视法术势的政治原理，关键就是为了富国强兵，原因是面对诸侯之间的争霸，一旦战败，则是身死国亡的下场。故法不能不严，术不能不密，势不能不重，实在有其真实合理之处。总之，理解它的特点与优点，修正它对儒家的批判，厘清它和道家的关系，就是把法家说清楚的方法。

韩非谈术，但只重君王御下之术，却忽略君王夺回权柄之术，也忽略臣下应付昏君之术，以及应付权臣之术。他自己就不懂得应付，只能“孤愤”。虽然《说林》篇中有所涉及，但自己发表观点时都忽略否定了，难怪乎韩非自己没能站上政治舞台。可见，他对老子之学的研究并不深入，甚至黄老智能也多只能言论，却未能应用。

本文之作，试图彰显法家思想的合理性，更试图谋合法家和儒道的智慧，笔者以为，这样才是对中国传统智慧研究的突破，而不是仍陷于各家的辩论或历史文献考据之事而已。

第十章　论儒家为会通中国哲学的最大公约数*

——儒学在方法论上的新突破及儒学的理解与运用

一、前言

儒学作为中华文明最强势、最主流的学派，一直以来以自己的道德意识与承担精神辩证三教，然而，站在他教的立场上，儒家亦遭受批评，墨家批评孔子的人格，庄子批评孔子的智慧，法家批评儒家的无用，佛教批评儒家为世间法。面对这些批评，应该如何响应？摆脱了批评之后的儒学，与他教的异同关系是否有所修正？又，儒学在今日又有复兴之趋势，除了官方的倡导，儒家学者的助力，以及儒学爱好者的推动以外，儒学在今日世界究竟有何功能可以成为人类价值观的目标？我们应如何

---

* 本文为参加“十年来儒学变迁之大势与发展之展望”河南嵩阳论坛而作。

认知此事？这是本章要讨论的问题。

二、从儒学的理解与运用谈儒学在方法论上的新突破

儒学在当代的哲学课题，首先是当代新儒家对西方哲学的吸收消化与响应，重点是建立儒学为一合理合法的哲学理论，但结果却负担了将儒学建构为最真确最圆满且超越世间一切哲学的任务，换言之，即把儒学说成是古今中外世界第一的哲学。这等于在辩论赛中，自己下判决自己胜利，而不是在做严格的学理思辨。要谈论儒家的哲学合理性，首先要指出它的理论形态的特点，亦即东方实践的哲学而非西方思辨的哲学，但实践的哲学亦需有其思辨上的合理性，否则就不能成为西方意义下的哲学，就此而言，东方学者或者规避这项要求，企图以国学的生活实际而绕开此问题，或者以更为强势思辨体系，超越西方，如新儒家之所为。笔者以为，实践哲学的学派理论可以系统性地建构，儒家、道家、佛教都可以建立自圆其说、系统一致性的理论体系，只是谁也无法否定谁。因为理论上系统一致，经验上实践有成，故而各家皆是真理体系，无须辩证，不必互相否定，儒释道只是一套套理想不同、规范有别、目的各异的实践哲学体系而已。

既然如此，儒家与各家都可以安住于自己的理论的系统性及合法性中，以此响应西方哲学理论思辨的需求。再者，系统性一致是一回事，经验的现实性证成是另一回事，但经验的现实性证成的重点是后人的实践是否符合创教者的境界，这就是检证性的问题了。检证性的问题才是儒学最具突破性的前沿问

题，可以说是实践哲学的知识论课题。讨论这个问题的重点在于真切了解学派理论体系的宗旨，就其实践找出检证的特殊模式，从理论上予以解说，毕竟不是直接操作，而是对一切实践操作及印证授记的活动是否成功予以理论的解说。接下来，要处理的就是学派之间的辩证之解消，以及个人在具体实践上的选择。本文之作，重点在于各学派争议的解消，以及实践现场的选择与应用问题的讨论上。

三、儒家与墨家冲突之消弭

墨家有非儒之作，墨子书中对儒家的批评与书中晏婴对孔子的责骂，已经是人身攻击了，失之浅薄，可以不辩。但是墨家的一些基本立场，是否就跟儒家有针锋相对之冲突呢？墨家讲兼爱，孟子辟之，关键是无父，儒家从天命人性出发，讲亲亲仁民爱物，爱有等差，此诚其然，最终也是要天下为公。墨家的兼爱是连着非攻而说的，天下征战，应非攻，盗匪横行，宜兼爱，墨家的兼爱和儒家的天下为公是一致的。儒者的推己及人之结果，就是兼爱，墨家讲话比较通俗，说爱邻人如爱自己的家人，就不会伤害别人了。这也等于是了解了爱自己的家人是人性的本然，所以为了避免盗匪横行，主张要像爱自己家人般地爱别人，并非是临在情境时，选择爱父与爱邻人是等同的。在孟子太强调自己的性善论立场时，忽略了墨家的发言层面是不同的思路，因此兼爱与爱有等差可以并存。爱固有等差，但差的也是要爱的，天下为公就是爱天下人，这是儒者的实践结果，墨家就是直接讲最后一阶段，如此而已。墨家讲节用，讲非乐，讲薄葬，其实都是因为站在百姓的位阶上的生活要求。生活都过不下去了，还要保持厚葬、礼乐？这岂不是奢侈之风？然而，儒者的立场就是庶之富之教之，先让百姓生活好起来，然后要教化，教化中就有礼乐。所以，百姓生活不好，就是儒者的责任，一旦将百姓的生活都照顾好了，则百姓就不必要太强调节用、薄葬、非乐的价值了，就会走上儒家的礼乐之路。

墨家讲明鬼，讲天志，这也跟儒者讲“敬鬼神而远之”的立场不同，一旦国君不能好好照顾百姓，则人民只能诉诸超自然的力量以祈求改变命运，这就是墨家讲天志、明鬼的来由。儒者不然，他们有学识，有能力，可以做官，可以改变政治现象，所以努力于社会建设，而不是只能以百姓的身份祈求天志的好善恶不义。因此，儒者不必否定墨家的天志、明鬼说，但儒者不诉诸天志、明鬼，而是要透过自己的努力，改善社会，追求理想的家国天下，对于鬼神之说搁置即可。墨家主尚贤与尚同，尚贤的重点在于厚禄、高名、实权，目的在避免官员贪渎乱法，有其硬道理。尚同是上同与天子。尚贤与尚同，儒者都不必反对。总之，天志、明鬼部分并非儒者重心，因为儒者要靠自己拯救天下，而不诉诸鬼神，因为自己是有专业治国能力的。节用、薄葬、非乐等，在社会发达后就不是最关键的价值了，礼乐教化更有作用，不铺张就好，丧礼还是要隆重的。鬼神存而不论，不依赖鬼神的社会才是成熟的社会，鬼神信仰仅可开放，但参政的儒者是不依靠鬼神的赏罚而为治国的思路的，所以儒者不必否定鬼神存在及作用，只是自己不依赖之而已。

以上，儒墨之间是有冲突对立的，但是都可以解消，儒家把社会治理好了，墨家就消失了。问题是国家治理得好不好，这不是儒者一家能负责任的，而是一时代所有的知识分子、有权之人共负其责的。显然，两千年来的中国政治始终未臻完美，于是两千年来的民间会社也就一直存在，结合鬼神信仰的民间宗教也就是墨家团体的灵魂也不断再现。这不是儒家的责任，而是整个民族的责任。至于儒家，笔者以为，要同情墨家的立场，并且解决墨家理论中所预设的问题，那就是民不聊生、百姓流离的社会现象。解决了这个问题，对于墨家的宗教面向，尊重它就好了，这个面向已经不会对社会产生重大影响了。总之，墨家的需要，儒家可以满足，墨家是需要儒家的，儒家是要照顾墨家的。

四、儒家与道家庄子之冲突及其消弭

《论语》中有隐士与儒者之辩，《庄子》中有讽刺孔子之言，儒庄之间有明确的立场对立，但是，两家却是各安其位，谁也不需要与谁势不两立。隐士讽刺儒者，自去做隐士，也不去现实中冲撞之。儒者与隐士的对谈，说完就算了，仍旧干活去。其实，儒庄之间，都是恶劣时代下知识分子的自我选择，可为时前进为儒，不可为时退后为庄。只是是否可为，始终莫衷一是。这是因为，个人判断不同，个人机遇不同，个人个性不同。所以，两家的根本价值立场不必互相非议、菲薄，其实彼此都是自己的内外两面而已。当然，庄学的言于高处，已进入了神仙向往之境，这却非儒学之所论，亦非儒学愿意接受的立场，张载就为文批评①。但这是形上学、宇宙论部分，永远无法达成共识。但是，儒家所重在现实世界，现实世界儒庄立场不同，但这是个人选择，彼此没有觉得对方罪大恶极、危害社会，因此，儒庄互相不往来就算了。但是，社会不能一任其崩解，这就需要儒者的角色，庄子不认同儒家的作为，认为无效，但是，社会是不能没有儒家的，庄子是不能没有儒家的，大动乱的时代，隐士也不得安宁了，且内心绝对是痛苦的。同时，儒者是必须要有庄子的逍遥心灵，以避免生命受到严重的创伤，在不可为时，逍遥去之可也。

五、儒家与道家老子之互补与融合

老子之学，向不为儒者所真正认识清楚，关键就在误以为老子之学是法家阴柔之术，或者是消极避世的，这是就价值立场上说。若就哲学理论建构说，张载批评老学“有生于无”之说，是指控落入根本无的立场，而张载为儒学建立的是永恒实有论的立场，又陆象山批评朱熹讲太极之无形之说是老学，这是存有论上的争议，事实上一切的根本原理都不是物质性的存在，因此必然是无形的，何必就说是老学？可见，儒者多是在未明究理下就予以批评攻击。然而，周敦颐讲的主静立人极，其主静者，无欲故静，主一就是无欲，这就与老子之“无为即无私欲”之说就是同一回事。程颢和王阳明都讲过工夫在日减的话，这就是老子“损之又损”的意思，儒者自己已经使用了

① 参见拙著《北宋儒学》，台湾商务印书馆。

老子之学竟不知矣。老子之学，从操作的智巧面上补足了儒家的道德理想，儒家讲理想，重荣誉，却在高层权力争斗中每每败下阵来，关键就是不肯虚与委迤，这点，老子看明白，舍得放下，告诫知识分子，“不敢为天下先”，“弱者道之用”，“无为而无不为”，“取天下常以无事”，“夫唯不争，故天下莫能与之争”。老子之学从来积极入世，只是态度上要圆融，可以说理论上与儒学直接互补，思想史上的儒老之争，都是误解老子的错误之见。老子的智慧就是儒生当高阶大臣时的虚圆之相，身处权力斗争的高阶官场，能够生存甚至能办成大事者，没有不是老子智慧的高手的。儒者不应再误解老子，更不应否定、批判他，否则就是自己的智能层次有限了。所以，老子就是一个儒者，圆熟了狡诈贪婪的世人品性之后，知道应对进退之道，目的在“绝圣弃智民复孝慈”、“绝仁弃义民利百倍”、“不敢为天下先，故能成器长”，不是只有高举理想者是圣人，能实现理想者更是圣人，老子之学正是教导儒生如何在现实上实现理想的智慧技巧之学。他就是一位大儒，儒老是分不得彼此的。

六、儒家与法家冲突之消弭

儒者和法术之士所设定的自我角色是不同的，儒生是遍在各个阶层的官员角色上，然而一旦站上高位，甚至侧身君王左右，面对尖锐的生死危难之际、战争亡国之交，为天下安定计，立即性的术、一致性的法、绝对号令风行的势，绝对是当下必需的。王阳明剿匪时使用了法家提倡的连坐法，作战时前线退却的官兵必为军法处死，天下大儒正是执法最严的实践者，岂非正是为了百姓的大爱而必行之处置？儒法之间还有何可辩？当然，法家批判儒家者多，《韩非子》以为仁义不足恃，以为不应重贤人，这其实都是在讲任用官员不能因周围人的推荐就任官，否则就是以仁义而重贤人，这就是讲国君自己不依法而任智妄行了，这样任官的结果多半会犯大错误。任官必须循序渐进、按部就班、依功劳而奖赏晋升，此说无误。但儒家讲仁义且重贤人之意并非韩非所言之旨，韩非所指是利用道德仁义的虚骄身段跻身政治高层，然后窃国夺权。但这岂是儒者之行为？韩非批评有误，儒家不必受之。

又，韩非重法，曾、史未见，盗跖横行，禁制之法不为道德仁义者设，而是为盗匪横民而设，此说亦善。儒者重德重礼，不重政刑，指的是教化的目的，而非面对战争存亡之际的管理。面对战争，孔子也需政刑，阳明也施严法，儒者要分清楚场合情境，则法家的法术势之运用，正是保国爱民的大工具，儒者不必非法。孟子批评管仲成就的是霸术，以苏秦、张仪为妾妇之道，但是孔子盛赞管仲为如其仁，关键就是完成霸业的那一段时间，世间就没有战争了，此事岂非百姓之福？苏秦、张仪韩非未及言之，但为国家意志的伸张，就要有战争攻防之术、术家之术。不讲究术，儒者就只能等待汉高祖取天下之后才能干出由叔孙通带领儒生建立朝仪的事情，然而，此岂儒者之志？韩非明知吴起、商鞅的惨祸，仍要为君王之权势而谈压制权臣之法术，最后果真遭受刑戮，此举此行岂非儒者爱国爱民的大情操？所以韩非口中的法术之士，也正是真儒之型。只是，韩非始终不能理解仁义之大功效，总以为君臣之间就是以利为计，实际上真正的儒者是利益买不动的，若非为了国家民族的强盛，为了百姓的生活保障，儒者是不会轻易就官入仕的，所以利益笼络不到儒生，而一旦笼络不到，韩非就认为这是无用之人，此说诚为太过。马上得天下，不能马上治天下，为长治久安之计，教育人民孝悌忠信，才是国家长久大法。总之，韩非批儒，言之太过，儒者不必受之，但法家言法术势，确为国君所需，亦为儒者所需，德治主义需结合法治主义才能肆应变局。儒家需要法家，首先是一个好儒者，才会是真正的有术之士，而不会变身为权臣。儒家需要学习老子的虚圆身段，也需要学习法家的严厉手段，位阶改变，任务不同，环境有变，岂能执于一时一地一事一理。

七、儒家是中华文明各学派的最大公约数

儒家的存在，立足于人伦，视野放在家国天下，一旦人类文明进入有体制的社会结构之后，体制的维护，个人的出处，就是儒家关切发言的范围，所以儒家让人们在社会生活中明白角色与进退，让人们首先在社会中可以好好做一个人。这一个立足点有了之后，人生还有许多面向，许多需求，因为有道、佛、墨、法等学派的面对，补充或扩充了人生的向度，综合起来，就可以发挥至不可限度的范围。但是，社会体制的维护是这一切的基础，除了法家，墨家、道家、佛教都是个人问题的解决智慧。墨家站在基层百姓的立场讲话；老子站在社会高阶人士如何处事应世的个人智慧上发言；庄子放弃社会角色，只顾个人技艺的超升；列子完全没有社会性思维，只有个人身体

修炼之学；佛教小乘追求涅槃，大乘追求自度度人而成佛，这些都是个人生命中有所需要的知识、技能、智能。但是，一切个人追求都需要在社会环境的背景中进行，因此时代的好坏影响至巨，直接处理社会国家问题的学派，有其迫切优先性，儒家和法家的价值观，正是直面社会国家安危的问题。然而法家求急效，儒家重长久，因此儒家更是文明社会首需的价值哲学系统，它就是能让人们对人生的意义首先建立明确的观念，知道如何做人，而做人就是从家国天下的角色扮演中落实的为人处世之道。

儒家是知识分子的哲学，是对四书五经六艺娴熟的专业政治经理人，在社会有一定的位阶角色，有别于墨家站在平民百姓的层面上的言论意见。所以墨家的发言，首重人民现实生活的需求，则必是儒者必须满足的项目，关键就是基本的温饱。墨家之所以如此强调节用、薄葬、非礼、非乐，无非就是生活都过不下去了，还那么重视礼乐之教做什么？然而儒家因教化之需而重视礼乐，所以采取了不同的立场，但是改变百姓生活困苦的现实，绝对是儒家的职责，必须优先处理好。基础稳固之后，当然要追求礼乐教化、人文化成、礼仪三百、威仪三千了。如果社会真的被儒家治理好了，百姓都丰衣足食了，肯定不会有那么多饥肠辘辘、嗷嗷待哺的百姓批评礼乐。所以，墨家不是儒家的对立面，而是儒家必须达到的基本面。基本面达到了，儒家再有更多的追求，就不会被墨者反对了。

一个有理想有自信的人，是不会屈从于威权的，然而在社会体制的运行中，一旦小人在位掌权，则体制成为压迫人民的工具，这就有仁人志士要出来反抗了，或是温和渐进的改革，或是激烈冲突的革命。但除此之外，还有另一种选择，就是潇洒地离去，不问世事，只追求个人技艺的超升，则其个人的精神生命依然昂扬。这样的人物，有其自我能力上的高门槛，有其道德修养上的自我要求，绝不自甘堕落，为虎作伥。这是庄子的型态，这个型态默认了儒家自我修养的基本格局，但对于儒家追求社会体制的健康发展之目标没有兴趣。理由可能是现实的真不可为，也可能是现实已经很好了，也可能是理论上就认定现实不可能十分美好，因此无须再多费心于此，总之就是要避世了。避世本不是儒者的心态，但是儒者常常被迫避世，孔子去鲁也等于是避世了。儒者于势不可为之时避世以自保，此时他依然是个儒者，因为他必定朝向其他有利社会国家建设的事业去进行，如著书、教学。因此，儒者需要庄子，至于真正的庄子，一心只求个人道艺的提升，已经全然放下社会责任。但是，若社会在战乱之时，庄子型态的人物要不被逼迫必须承担救人的任务，要不完全缺乏逍遥自适的外在环境，所以庄子也必须预设儒家，要有一定的社会稳定之后，才有个人天才的成就。依此，儒庄之间可以休兵矣。并且，根本就是互相需要的，有儒之后才有庄，真庄之前必是真儒，否则其庄者伪也。

老子的智慧始终就是与儒家互补为用的。他的思想就是要取天下，只是告诫无事无私才可能团结人心，众人助你而成就事业，达无不可为之势，所以是从操作方法的面向，与儒家仁义之道相辅相成。老子的弱者道之用，损之又损，都见证了他的胸怀是要治理天下，做成事业的，这岂不是儒者胸怀？“绝圣弃智，民利百倍，绝仁弃义，民复孝慈”孝慈与民利岂非儒家价值？显见其所欲弃绝的只是僵化虚伪的圣智仁义而已。真正的儒者，应该在操作面上掌握老子型态的智能，深透人性之恶的里层，知道应对进退的关键技巧。老子就是一个老成持重的儒家，真正的儒者才可能成为真正的老子。

法家重君王保位之势，目的也是希望国家秩序稳定，法家重法，是为了管理上的效率，这已经是人类共识。法家之术，是就具体操作上君王对臣下的驾驭之术，因为臣下就是天下百姓，天下百姓千姿万态，好人坏人、真诚虚伪温和暴戾者皆有之，因此有术是必须的，否则无以知其奸诡。在这个问题上，儒家重教化，这是因为儒家站在基层官员知识分子的立场上，认为要对所有人民进行教育，以改善整个社会风气，十年树木，百年树人。但法家是站在君王的立场上，看透人性之恶，君王必须当机立断，止恶向善。君王如果不能立即惩治恶人，国家社会就会受到损伤。故需有术以知奸，依法以赏罚，这是国家必须做的，是任何体制必须维护的正常功能。任何社会体制若任由小人肆虐、恶人违法而不能制止，那么这个体制不需要人们再待下去了，因为根本活不下去，这就是法家法术皆重的道理所在。韩非看透此点，对君王的要求就是能重势用法用术。儒家对君王的要求就是行仁政爱百姓，这是君王角色扮演的根本目的，完成这个目标，就要管理全国人民和官员，这就需要有权柄，有方法，势就是权柄在手，若为权臣瓜分，则不能施展矣，方法就是法与术，法术势皆作，则国富兵强，岂非万民之幸？法家是站在君王之位，追求实现儒家的理想，而从人性恶的角度，探讨对付的方法，这是需要儒家的胸怀加上帝王之术才可完成的。有问题的地方只是《韩非子》书中多有批评儒家的话语，混杂着概念上的歧义与观念上的误解，厘清就好了。儒法两家势必要互相为用，因为彼此都是最入世的两大学派。法家还是从儒家出身的，就是有了儒家爱民爱国的胸怀，在富国强兵的强烈需求驱动下，搞清楚了问题要从君王的能力下手，而不只是依赖百年教育大计，故而有的法家。儒家依然是法家的基础。

经由以上的讨论，维护体制，唱仁义之道的儒家，在各个学派中都是会找到相通的价值立场，因此，做人首先要做个儒家，然后随其悟性与环境，再发展出儒家结合各家的类型。这是一个在中国哲学学派中的选择问题，面对这么多的学派，人们该如何选择呢？首先做个儒者吧。

八、儒家在今日世界的角色功能

儒家在今日的世界，无法因科举而得功名了，因此缺乏了过往官员儒生的这一个族群，但是，这样更好，儒学本是个人修养之学，是人生意义志向之学，摆脱了现实的社会阶层结构，儒家的信念正好可以成为所有人的人生基本价值观。至于儒学的研究推广，这还是需要有人来进行的，但它可以不是国家体制的任务，而是知识分子的选择。这就有三类人：第一类是儒学研究的学者，本身有信念，那就好好研究进而教学弘扬。第二类是儒学弘扬的知识分子，他们兴办文化事业，宣扬儒学价值，以儒生自居，自己的工作就是读书讲学与兴办教育事业，就像历史上晚年的孔子一样。第三类人，阅读、理解也认同儒学的知识分子，在各行各业中，自觉地承担责任，为民服务，不论角色职务级别。事实上，当社会上各行各业的人都自觉成为第三种人的时候，就是儒学真正兴盛的时候了，那就是，以服务的人生观努力学习，为社会奉献自我，为公不为私，落实仁义价值，最终追求完成礼乐教化的大同社会。

九、结论

儒学是人间大道，但是它只能是有自觉的人的自我情怀，要求别人都没有用，这是有自觉的知识分子的自我承担，孔子、孟子、朱熹、阳明都是自己要求自己承担起责任，儒学在今日社会的角色功能就是有自觉的知识分子以儒生自居，希望这个社会变好，把握自己的角色，积极付出，在人生的过程中，随着角色位阶的转换，学习更好的应对智巧，既有庄子的潇洒，也有老子的圆熟，还有法家的法术，这样才能道济天下。

附录　我的中国哲学研究

差不多在我念博士班的时候，我就开始有了我自己的中国哲学研究的观点。从那个时候开始，我一步一步地阅读当代中国哲学家的中国哲学史相关著作，同时，也阅读传统儒释道的经典。一方面汲取当代中国哲学家的研究方法、解释的工具，一方面做中国哲学原典的解读，从而逐渐建构起我对中国哲学研究的独立观点。我的硕士论文题目是《刘蕺山的功夫理论与形上思想》，博士论文题目是《王船山易学与气论并重的形上学进路》。从博士论文开始，我就有了自己的观点。此后不断有专著出版：《工夫理论与境界哲学》《基本哲学问题》，主要内容是我的研究方法。《北宋儒学》，使用的就是我自己的中国哲学研究架构，接下来的《南宋儒学》，又有了更多方法论的细节的深入。《中国哲学方法论》《哲学概论》，实际上就是以我的研究方法，对中国哲学体系概论式的铺陈。《牟宗三儒学平议》，是我以自己的中国哲学研究方法，跟牟先生做了正面的、批判式的交锋。我几乎全面否定他老人家的观点。

我在做博士论文研究的时候，意识到的第一点，就是写博士论文这种大部头的著作，其实是写一本书。针对一个哲学家或一个哲学问题来讨论，你肯定要有章节，那这个章节怎么建立呢？作为章节的主题，我发现有三种类型：第一种类型，用“主张”来做章节的主题，如性善论、性恶论、一元论、二元论。第二种类型，用“问题”来做章节的主题，如政治哲学、教育哲学、价值哲学、宇宙论、伦理学、世界观、形而上学、知识论等等。第三种类型，就是用“概念”来做章节的主题，如理气论、心性论、道论、情论。

我认为把一个哲学家的理论说清楚，不管他有多少主张，用了哪些特别的概念、材料，归根结底你得还原到他的“问题”。所以我认为用“问题”作为章节的标题，才是最好的方法。

对于“问题”，首先要做一个挑选、分类。分类之后呢，要找出几个“基本问题”，这几个“基本问题”之间彼此有关联，但是所谈的“问题”却不一样。在它的关联体系架构起来以后，那就可以完整地回答一个学派所应该面对的所有的问题。所以，把这几个“基本问题”找出来，就是我后来非常认真非常用力所建立的第一个谈中国哲学的研究方法，其实就是以哲学基本问题为进路的中国哲学解释架构。

不过这是一步一步发展出来的。至少在我写博士论文的时候，我就把理气论、心性论、道论、情论这些研究中国哲学的标题叫作研究方法，或者研究进路，但当时我不觉得这是一个很重要的进路。简单讲，见树不见林，拆开了合不起来，所以我向来不愿意用这个方式来做中国哲学的研究。

拿到博士学位以后，有机会受邀写庄子和老子的专书。在写老子的专书的时候，我又建立了一个谈中国哲学的两种问题意识的区别。老子哲学很重要的观点就是“道”。老子哲学的“道”的观点，一方面谈的是“守弱”、“谦虚”，这是“价值操作”、“功夫修养”的观点；另外一方面谈的是对于“道”这个字本身的定义。譬如说，“迎之不见其首，随之不见其后”，“有物混成，先天地生，独立不改，周行而不殆，可以为天下母，吾不知其名，强字之曰道”，“渊兮，似万物之宗”，“象帝之先”，“搏之不得，视之不见，听之不闻”。这些都是对“道”的定义，以及对“道”跟“天地万物”之间关系的讨论，这是“抽象思辨”的讨论。至于“反者道之动，弱者道之用”，“我有三宝，一曰慈，二曰俭，三曰不敢为天下先”，“生而不有，为而不恃，长而不宰”，“夫唯不争，故天下莫能与之争”，这些都是“道”在具体操作上的智能。“道常无为”，“损之又损，以至于无为，无为而无不为”，这就是“价值意识”转成的“工夫操作”。

我们后来在谈中国哲学的时候，发现中国哲学的特色在“价值意识”，而西方哲学的特色是在对实体概念的“抽象”的讨论，柏拉图讲理型，亚里士多德讲物之所以为物，这种都是作为实体义概念的“抽象”的讨论。所以当老子对“道”的概念做那么多的“抽象”讨论的时候，就类似于西方哲学形上学的讨论，包括朱熹讲“理气论”、“心统性情”，也是这一类对“抽象”的概念定义、概念关系的“思辨哲学”的讨论，跟西方哲学的形上学的思路类似的。可是当老子谈“无为”，谈“弱者道之用”的时候，这就进入“价值意识”、“工夫修养”的脉络。所以我后来就把这种“价值意识”的“道”叫作“实存性体”，把这种“抽象思辨”的“道”叫作“抽象性征”。在此基础上我后来又再度转换，把价值意识的实存性体称作“价值意识的本体论”，把抽象性征的概念定义、概念讨论称作“概念思辨的存有论”。一个是本体论，一个是存有论。这就说明了中国哲学在“普遍原理”的讨论上两种不同的问题意识。

儒家有价值意识“仁义礼智”，老子有价值意识“无为”，庄子有价值意识“逍遥”，原始佛教有价值意识“无常、苦、空、无我”，大乘佛教有价值意识“常、乐、我、净、般若、菩提心”，这些都是“价值意识的本体论”。但是中国哲学仍然有“抽象思辨的存有论”。老子的道，朱熹的理气概念，冯友兰新理学中的四大命题、四大范畴“理、气、道、大全”，就是这方面的讨论。这种方法成为我后来处理朱陆之争、朱王之争、程朱陆王之争、王阳明说朱熹“析心与理为二”之争时，一个非常好的解消冲突的理论工具。比如当朱熹谈存有论的时候，他肯定要“析心与理为二”；当朱熹谈本体论以及本体工夫论的时候，就成了“心即理”。所以王阳明批评朱熹“心与理为二”，其实是“哲学基本问题的错置”。朱熹不会不懂工夫论，只是朱熹正在讲存有论。讲工夫论一定是本体工夫，一定是本体论进路的心理修养工夫。所以，从老子哲学的“道论”的两种形态，我发展出“价值意识的本体论”跟“概念思辨的存有论”这两个哲学基本问题的区分，以此为依据谈中国哲学。

因为写了《庄周梦蝶》，对《庄子》内七篇作了一句一句的知识、理论的疏解，所以我意识到庄子哲学里面谈的工夫理论，有两个脉络。一个脉络是对于本体论价值意识的理解，转出来的心理修养工夫；一个脉络是对于宇宙论、气化宇宙论，人身小宇宙、外在大宇宙的知识转出的工夫，身体是气聚而成，生命是气散而死，所以对身体也可以进行工夫的修炼，“游心于淡，合气于漠”、“堕肢体，黜聪明”差不多等于练气功了，这就是身体进路的修炼工夫、宇宙论进路的身体修炼工夫。所以中国哲学的工夫论，就有了这两种的区别。我们平常讲修养，心理进路的本体工夫是修养论。我们平常讲修炼，宇宙论进路的身体修炼工夫是修炼论。所以从庄子的文本谈工夫论的命题观念解读上，我发现工夫论有这两种模型：本体论的心理修养，宇宙论的身体修炼。

后来在研究“北宋儒学”、“南宋儒学”、“程朱陆王之争”，以及牟宗三先生《心体与性体》的著作的时候，我又发现工夫论又有三种不同的阶段性的类型。

第一工夫入手，第二工夫次第，第三境界工夫。孔子讲的“七十而从心所欲不逾矩”，不用做工夫了，达到最高境界。《坛经》讲的“心平何劳持戒”，不用做工夫了，达到最高境界，又叫作境界工夫。美国的吴怡教授讲，这个叫作功力，功力深厚，折叶子都可以当武器，这就达到了最高境界，是境界工夫。

至于“未发涵养，已发察识”，“物有本末，事有终始。知所先后，则近道矣”，“古之欲明明德于天下者，先治其国。欲治其国者，先齐其家。欲齐其家者，先修其身。欲修其身者，先正其心。欲正其心者，先诚其意。欲诚其意者，先致其知。致知在格物，物格而后知至，知至而后意诚，意诚而后心正，心正而后身修，身修而后家齐，家齐而后国治，国治而后天下平”，这是什么？这就是《大学》八目的工夫次第，先知后行。

《孟子》有“讲明”、“践履”之学，《中庸》有“博学、审问、慎思、明辨、笃行”，所以先知后行，这是工夫次第。

而工夫入手，其实就是专注，就是专一，就是敬，就是涵养，就是收敛。

为什么要讲这三类呢？“四无教”是境界工夫，“四句教”就是工夫次第了，结果都是“四无教”取笑“四句教”。南禅讲顿悟是境界工夫，北宗讲渐修是工夫次第，结果却是南禅取笑北宗。任何一个修行者，没有谁是“一超直入如来地”的，都是渐修顿悟的。你不断地渐修，你也不断地顿悟，顿悟不是一次就可以完成的。顿悟了以后，只是扫除了执着，你还有太多的习性要不断地消除，所以有不断的渐修的历程。“下学上达”是圣贤与普通人共同的工夫模式，所以“下学上达”的“四句教”对任何人都有用，“工夫次第”对任何人都有用。《大学》八目就是在讲“工夫次第”，“境界工夫”不必嘲笑“工夫次第”。所以，用这个方式可以解消程朱陆王无谓的表面冲突。王阳明认为朱熹讲的是“知而不行”，这是不可能的事情。朱熹是讲“先知后行”，而且知了必定要行。王阳明讲“知行合一”，甚至讲“行而后知”，这是刻意跟朱熹做理论的辩论。讲得不好一点，这是刻意把朱熹当作笨蛋批评攻击，显得王阳明太聪明，聪明得太外露。陆象山也是一样，聪明得太外露。

朱熹说，象山门下“尊德性”的多，我的门下“道问学”的多，“尊德性”反而做得不好，这是朱熹在自我反思。象山竟然骄傲地说，“不知尊德性，如何道问学?”好像象山比朱熹大个40岁左右，老人家在指责小孩子，也是聪明太过头。朱熹能自我反思，就是在做“尊德性”。王阳明的《朱子晚年定论》，把朱熹书信中写给朋友的对自己修养工夫做得不好的自责跟反思的话都集结起来，王阳明把这些说成跟他自己所讲的“致良知于事事物物”、“格去物欲”、“去其不正以归于正”的工夫理论是一致的。这是王阳明非常得意的工夫论的创造，但其实没有创造，它就是孟子思想的展现，即求放心、改过之意。反省，改过，写在书信上，这是朱熹的自我反思，而不是学术理论建构。王阳明把它当作自己的哲学创作，因为王阳明是在讲工夫论，他因此把朱熹拉为同道。

我在写《功夫理论与境界哲学》时，大致建立了一个谈中国哲学的解释架构，即基本哲学问题的解释架构，那是一个四方架构，由“宇宙论、本体论、工夫论、境界论”组成的四方架构。宇宙论，包括时间、空间、基本元素、材质、死后的生命、命运、宇宙发生论、世界观图式等主题。儒家只在经验现实世界谈，因此宇宙论就谈得少，但是道教、佛教有它在世界，宇宙论就不能不谈。儒者常常在价值意识上跟道、佛作辩论，实际上都是忽略了道、佛两教有不一样的世界观，它在世界对道、佛两教是真实的知识。

然后是本体论，本体论这个词在中文世界里头跟形上学、存有论，甚至世界观、天道论这几个词是被混在一起使用的。

"形上学"是一个标准的西方来的词语，"世界观"是传统东方的词，这两个词涵盖面最广，所以难下定义。"天道论"也是一样，也是普遍原理，也是形上学，也是世界观，涵盖面太广。可以谈的就是"宇宙论"、"本体论"、"存有论"，这三个名词可以被清楚地划分。"本体论"就是关于价值的理论，"存有论"就是关于概念的理论。关于价值的理论是价值意识的本体论，关于概念的理论是抽象思辨的存有论，这样就可以获得比较清楚的区分了。

关于概念的理论"存有论"，把概念讲清楚以后，那么，这个概念就可以用在谈宇宙论，也可以用在谈本体论、工夫论，"尽心知性知天，存心养性事天"，还可以用在谈境界论。所以概念思辨的"存有论"就像后勤司令部一样，是供应原料的。哲学基本问题的四方架构"宇宙论、本体论、工夫论、境界论"，都用得到"存有论"中的所有概念。当人们有一套世界观时，人们对它有一个价值的判断，这就是"本体论"。有主体实践修养的是"工夫论"。又因为要追求理想完美的人格，所以有"境界论"。儒家要成圣，道家要成仙、成圣，佛教要成阿罗汉、成菩萨、成佛，没有人要成为小人、坏人。怎么达到理想完美人格呢？这就需要具体的操作实践，要做工夫，所以就有了"工夫论"，比如来自宇宙论的身体修炼，来自本体论的心理修养。工夫达到最高境界时，那就跟境界论是一致的。

这是我所提出来的中国哲学四方架构的解释体系。以这样的一个解释架构，可以解读所有中国哲学的文本，外加存有论，可以解消牟宗三先生对于程朱、陆王的批评，对于道、佛两教的错误的批评，可以解消儒学史内部无谓的争辩，也可以解消佛学史内部无谓的争辩。

我自己觉得这个工具太好用，太完美了。但是后来因为一个特殊的机缘，我意识到谈中国哲学，还有另外一个重要的问题必须回答。当我谈中国哲学的四方架构宇宙论、本体论、工夫论、境界论的时候，其实我是在谈中国哲学一个一个的哲学学派的体系，它的理论、它的系统性如何建构的问题，这个问题是所有当代做中国哲学的学者都要面对的问题。西方哲学有一个浩瀚庞大的、思辨的、细致的哲学体系，那东方哲学、中国哲学有没有类似的体系呢？中国人不服输，所以当然说有。可是当中国人在建立自己的形上学——儒家形上学、道家形上学、佛教形上学的时候，最后发现我们的形上学跟别人的不一样。差别在哪里呢？中国哲学的形上学是会动的。怎么叫作会动？其实就是有工夫论，能够实践，能够实现，从而能够证明。西方哲学的形上学都冷冷地躺在那里，静待定义、分析、思辨、推论、结论，所以不会动。所以牟宗三先生把它分成动态的存有论、静态的存有论，实际上是把中国哲学有工夫论的特质放在中国哲学的形上学里面去谈。那我建立的宇宙论、本体论，还有外面的存有论，也是形上学。工夫论跟境界论属于人道论的两个哲学基本问题，加在一起，就是中国哲学四方架构的解释架构，实际上就是形上学地谈中国哲学的一个扩大版，或者说是准确版，或者说是符合中国哲学特色的中国哲学的形上学版。我这样讲形上学，是因为 20 世纪的中国哲学家们，纷纷都在为中国哲学建立形上学。

20 世纪的中国哲学家们都是哲学系出身，也都学过西方哲学，也都知道西方哲学除了形上学以外，还有知识论作为哲学基本问题。知识论是什么？知识论是反省人类的理性认识能力，即能认识什么，不能认识什么。人类理性不能认识的东西，你把它讲出来，那只是意见，只是想象，如诗歌、散文，那不是命题。所以启蒙运动以后，笛卡尔开始思考人类理性的认识能力，之后他提出来的所有的观点都立足于对人类理性认识的能力的反思之上。当时形成两大学派，欧陆理性论和英伦经验论。后来德国哲学家康德把它统合，再后来，黑格尔、马克思、存在主义、结构主义、解构主义、分析哲学、逻辑实证论，各种流派风起云涌。但归根结底，启蒙运动之后，是笛卡尔知识论的问题意识惊醒了西方哲学家的迷梦。这种问问题的方式，在我们谈中国哲学的时候，我们也应该要注意。

20 世纪最聪明的、最早的第一位当代中国哲学家是梁漱溟先生，他在 29 岁写的《东西文化及其哲学》中讲：关于“知识论”这一种问题的思考，中国哲学到 20 世纪的今天，都还不曾开始过。中国哲学还是西方传统哲学的那一套，即形上学的那一套。我讲的四方架构，只不过是把形上学加上了中国哲学的特色，还是一种系统性、理论性的建构，但我没有去反思这样的建构如何可能，如何自己证明为真。它们当然是真的，但是它们的真要怎么去说呢？于是我开始进入中国哲学的知识论的反思当中。这个工作是因为一个偶然的机会开始的，因为我跟当时台湾大学哲学系的陈荣华教授有机会合写《哲学概论》的书。陈老师是我的老师，他告诉我说：保瑞，你们做中国哲学的，不要光自己整天做经典诠释、文本诠释，你们一定要进入哲学学术领域内的哲学问题意识里面，来做中国哲学材料的哲学讨论，所以你要跟我写《哲学概论》。《哲学概论》就是形上学、知识论、伦理学，我写西方的，你写中国的，可不可以？可以我们就干，不可以就拉倒。我说可以。

我因此思考怎样谈中国哲学的“伦理学”，我的办法是，儒释道三教，我把它们的工夫修养论、修炼论、修行论拿出来谈就可以了。谈中国哲学的“形上学”，我已经搞得很清楚了，有宇宙论，有价值意识的本体论，还有概念思辨的存有论。但谈中国哲学的“知识论”，我傻了。我非常清楚地知道，《荀子·解蔽篇》不叫知识论；墨家的明辨也不能算是知识论，它就是逻辑学；《大学》的格物致知也不是知识论，它是工夫论；佛教的明心见性一样不是知识论，而是工夫论。虽然方立天先生写的《佛教哲学》把明心见性说成了佛教的知识论，但我认为那个不是知识论，而是工夫论。还有很多正确的认识的思维方法，那些也不是知识论。什么是知识论呢？反省整个中国哲学理论体系建构的可能性，这才是知识论。梁漱溟说中国哲学家都还没开始思考这个问题，经过后来的研究，我认为冯友兰的“新理学”也好，牟宗三先生的“动态的形上学”、“圆教的中国哲学”也好，劳思光先生的“心性论中心的中国哲学解释架构”也好，方东美先生的“超本理论”、“价值中心的形上学”也好，其实都是默认在知识论问题意识的反思上，才会有的这些话。他们固然都在建构中国哲学形上学的体系，但他们都有知识论的反思，只是还没有把这两个工作非常清楚地区别开来而已。

于是我开始做中国哲学的知识论的反思。我找出了四个问题，写了一篇文章发表在《哲学与文化》月刊上，这四个问题就是系统性、检证性、适用性、选择性。这篇文章也放在了《哲学概论》中知识论的部分。我们来看一下这四个问题。

首先是系统性。一个学派之所以成为一个学派，也就是一个哲学理论的形成，需要一套完整、成体系的理论。我原来所提的四方架构——宇宙论、本体论、工夫论、境界论，就是一套完整的体系，所以这一关我可以通过了。

第二个问题是检证性。中国哲学是实践哲学，孔子以仁来定位天道，老子以无为来定位道，庄子以逍遥来定位道。那么，凭什么说这些是真的？我的答案是其实这就是他们各自的价值选择。你可以说是哲学家规范了天道，你也可以说是哲学家发现了天道，你还可以说是哲学家选择了天道。我觉得是哲学家发现了天道的许多面向当中的某一个面向，这个发现是出于哲学家自己的理想，是他的一种选择。所以儒释道有不同的选择、不同的发现，而他们的发现确实是宇宙的奥秘之一。这就是本体论怎么样被创造出来的。

宇宙论也是一样，这很奥秘。道教、佛教都有它在世界的宇宙论，我前面在讲宇宙论的时候，我说宇宙论是知识性的概念，本体论是观念性的概念。观念性的概念是你这样想它，它就是这个意思。知识性的概念是它本身是有经验意义的，你可以用经验得到它，它因此形成了知识。虽然我们一般人的感官无法感知它在世界的知识，但修行者是否可以通过修行的经验感知，我们无法否认。从修行者的角度来看，这种能力的提升，需要做工夫，所以中国哲学有工夫论。这跟西方哲学的知识论是不一样的，西方哲学的知识论是对形上学的普遍原理的舍弃和否定。中国哲学的工夫论，是对中国哲学形上学命题的发挥、实践，证明其为真，所以工夫论跟形上学的普遍原理反而是一致的。做了工夫，有了这等能力，感知经验到这些它在世界的知识，所以有了他们对宇宙论的描述。因为做了这些实践的操作，所以就可以讲工夫论。

检证性就要检证这套理论在他们各派说出来的时候，到底是在什么意义下说出来的，是怎么样说出来的。针对这些，研究者应该用什么方式来研究中国哲学？答案是要相应。你相信也好，不相信也好，你首先得当他们是哲学学派的真实的知识。讲白一点，至少你要相信对他们而言它是真的，然后你才可能找到相应的研究进路，然后把它说清楚。王阳明的弟子肯定相信他的老师，道士肯定相信他的师父，比丘、比丘尼肯定相信自己的师父、相信佛陀。所以第一个是相信，第二个是实践修行，追求达到大师的境界，否则不停止。所以对于实践者实践成功与否的检证，其实才是在谈检证性最具有挑战性的一个面向。谁能够检证弟子呢？答案是只有师父。师父是什么呢？以前是弟子，而且已经在修行上达到了高的境界，就像奥运游泳金牌选手可以当游泳教练，跆拳道的金牌选手可以当跆拳道教练一样，禅师可以检证弟子的学禅修行的功夫，禅宗的公案就记录着师父对弟子修行的检证的活动过程。禅修就是在念头上修，念头呈现，一句话一个问题就泄露了你的水平。

如果我谈检证性，谈系统性，可以把儒释道的理论系统地说清楚，那么，为什么儒释道三教还会互相辩证、互相批评、互相否定呢？这是一个认真的中国哲学工作者一定要问，并且一定要给出答案的问题。我的答案是，儒释道其实是在不同阶层上、不同的人生角色的立场上，说正确的话。为此，我找出了《周易》六爻对应的一个基本逻辑：初爻基层百姓；二爻地方干部；三爻不上不下，自由职业者；四爻高阶的经理；五爻君王；六爻还没退休的卸任高阶主管。这样，刚好可以看到中国哲学各个不同学派的角色位阶。

基层百姓没钱，所以说要节用、薄葬、非攻、兼爱，请你派好的官员，我就会听你的话。如果你对我还是不好，我又不是官员，没有别的能力，我只好期许明鬼、天志，让老天爷来推翻你，这是墨家的命题。儒家孔孟希望君王重视自己，“故将大有为之君，必将有所不召之臣”，把自己定位为专业政治经理人，希望君王重视自己，协助君王治理国家，这是“基层干部的心声”。对应庄子哲学的人，发现自己在体制内没角色，人家也不太重用他，那不如做我自己吧。处在《周易》第三爻的人往往看不破这一点，惹祸上身，非常凶险。庄子哲学描述的人有个人的能力，不像初爻基层百姓，他完全可以靠自己的专业能力活得很好。我把庄子哲学放在第三爻，第三爻就有了出路。高级经理掌握了资源，你是要来斗争的呢，还是要来服务社会的？当然是要来服务社会的。老子哲学告诉我们要谦虚，“损之又损，以至于无为，无为而无不为”。利益都让给别人，别人就可以跟你合作，让你把事情做好。“夫唯不争，故天下莫能与之争”，不要跟人家争私利，你做这件事情的权力跟位子，“天下莫能与之争”。老子哲学是高阶主管的哲学，也就是大臣的哲学，所以他要讲谦虚。作为大臣或者高阶主管，上面的人会忌惮你，同事会嫉妒你，部属会恨你，因为你把好处都拿走了。所以你要让利，好处都让给别人，别人才跟你合作，因为毕竟你不是层峰。当你到达层峰，你也很可怜，因为大家都要抢你的权力，大家都想要来骗你，所以你必须要有“御下之术”，也就是“赏罚二柄”。所以你必须巩固自己的权势，你的权力不可以被你的臣下分割，分割多了以后，你就会送掉性命。你要“重势”“重术”，要想富国强兵，统一号令，还要“重法”。

所以儒家重教育，十年、三十年在所不惜，基层干部慢慢搞教育就好。《论语》讲师群的老师们，包括我，都是儒生，我们所要做的工作是教育，在基层在第一线讲孝悌忠信之道。讲教育，不怕花时间，为国家培养优秀的有素养的国民，这是我们的使命。我们不是高层，不需要立即解决国家危机，不需要惩罚坏人。但是处于高层的人，必须立即性地惩罚坏人，处理国家安危的问题。所以我认知到儒家是对的，法家也是对的，儒家批评法家的时候是错的，法家批评儒家的时候也是错的。这样就把儒法的冲突给解消了。

就算你是国君，你也不能跟某一位好人讲，你不可以死。就算你是宰相，你也没有办法通过法律文件去规定只要是好人或者只要是教儒学的人都不可以死。每一个人都会面临死亡。所以儒家、老子、法家，这些世间法的东西只能处理世间的事情。当你碰到世间的事情，你必须用世间法处理。你在基层，就用儒家耐心教育的方式；你在高层，就用老子让利的智慧；你在层峰，处于法律的最后一道防线，你就要赏罚分明，该杀就杀，该赏就赏。这是世间法，至于出世间法的问题，世间法的哲学中没有答案。人的命运，人死后有没有生命，这样的问题交给宗教，佛教往往会面对这个问题。所以佛教放在第六爻来谈，法家放在第五爻来谈，老子放在第四爻来谈，庄子放在第三爻来谈，儒家放在第二爻来谈，墨家放在第一爻来谈。我可以把这六个学派，借由《周易》六爻的这个架构，说明其命题立场的合理性。从此以后他们再不必打架。墨家也常常批评儒家，其实不用批评，墨家的期望，儒家都会帮你办好。当老百姓丰衣足食，大家有钱了以后，就不会再跟你吵着说要节用、薄葬、非乐了。

这是中国哲学真理观的四大问题。知识论的四大问题当中，第三个问题是“适用性”的问题。所以为每一个学派找到它的社会阶层、它的角色、它的定位，那么它的命题的合理性就出现了。

最后一个问题是“选择性”的问题，就是你的当下，你面对什么样的情境，要用什么样的哲学来作为你的选择。我刚才讲，世间的事情要用世间法解决，基层的教育工作者和地方的官员，要对百姓行仁政，要爱民如子，视民如伤，要做人民的保姆，当人民的英雄，用儒家就对了。当你是企业家，是自由职业者，则要好好追求自己的快乐，美化这个世间，用庄子的就对了。当你是高阶的经理，你掌握那么多的权势，那么就不要贪，不要斗，要奉献，要让利，团结合作，把天下的大事业做好，用老子就是了。当你是国君的时候，第一要把力气用在惩罚坏人上，你不能够松懈；第二要把力气花在寻找优秀的人才上，两者都不能够松懈，用法家就对了。所以世间事要用世间法，这通常是团体的事情。至于个人的事，例如你的家庭、婚姻、钱财、健康等等，是你的命运的问题，所以你也可以用出世间法来处理。作为一个官员，面对恶棍、坏人，你要惩罚他，你要用世间法来处理；作为一个朋友，面对你的朋友，你则要宽容他，要用慈悲心去关怀他，这时候你用的是出世间法。但当你是警察，抓小偷的时候，就不能慈悲了，非得把他逮住关起来，让他接受惩罚不可，否则社会秩序就会混乱，因为你扮演的是公众的角色，这时候又是世间法了。如果他是你的邻居来偷你的东西，你可以原谅他，甚至把他要偷的东西送给他，因为你正在感化他，你在给他慈悲，你可以用出世间法，也就是佛家的智慧来化解这件事情。所以这就是一个选择性的问题。如果把中国哲学每一家每一派的角色功能都理解清楚，也就知道他们都是对的，那么你每一次的选择都会是当下正确、准确的。这是我所谈的中国哲学真理观四大问题的第四个问题，即“选择性”的问题。

以上我把我做的中国哲学的研究，我早先碰到的问题，我用什么观念来解决，我后来又碰到什么样的问题，我又提出什么样的理论模型来解决，大致做了一个简单的介绍。早先的时候，我都是读当代中国哲学家的著作而成长的。牟宗三、劳思光、方东美、唐君毅、冯友兰、任继愈、熊十力、梁漱溟的著作，这些都是我读熟、翻烂的东西。后来则是读中国哲学的原典，并且做原典讲解的工作。一部一部经典的讲授，又奠定了我谈中国哲学的新的问题意识以及解决问题的办法，从而形成我的中国哲学研究的观点。做中国哲学研究，有哲学的进路，还有国学的进路。我肯定是哲学的进路，但我也肯定是国学的进路。我从来不会在这两个进路上打架，更不会在这两个进路上互相对立否定。当我们要跟社会人士讲课的时候，国学的进路就好，把智慧观点讲给他听，可是我们不能够否定，也不要忽略哲学的进路。因为我们要把中国哲学建立起来，这是一个国际化的时代，我们要跟西方人做学术的交流，所以需要哲学的进路，进入一个共同的话语圈来谈中国哲学。